# Botho Strauß
# Kalldewey, Farce

Carl Hanser Verlag

ISBN 3-446-13477-8
Alle Rechte vorbehalten
5. Auflage 1983
© 1981 by Carl Hanser Verlag München Wien.
Das Recht der Aufführung, des öffentlichen Vortrags, der Verfilmung
und Übertragung durch Rundfunk und Fernsehen, auch einzelner
Teile, vorbehalten durch Verlag der Autoren, Frankfurt am Main.
Umschlagentwurf von Klaus Detjen.
Satz: LibroSatz, Kriftel.
Druck und Bindung: May + Co Darmstadt
Printed in Germany

Kalldewey, Farce

DER MANN
DIE FRAU
K
M
ZWEITER MANN
KELLNER / CHEF

*Der Schlaf der Liebe gebiert Ungeheuer*

*Dunkle Bühne. Ein Lichtkegel.* DER MANN *und* DIE FRAU
*im Profil einander gegenüber. Er im Frack des Orchestermu-
sikers, die Querflöte in der Hand. Sie im Abendkleid, die Geige
in der Hand.*

DER MANN
So vieles, was ich dir noch sagen wollte
    DIE FRAU
Man fürchtet sich vor dem, der das letzte Wort behält
    DER MANN
Ich will es nicht sein
    DIE FRAU
Ich auch nicht

*Pause*

    DIE FRAU
Ich liebe dich. Schau mich an
    DER MANN
Ich danke dir
    DIE FRAU
Bleib mir gut
    DER MANN
Noch stehst du vor mir
Du wirst gehen und es wird
plötzlich alles was war / sein
    DIE FRAU
Ich werde nichts vergessen, nichts

DER MANN
Durch diese Wunde sieht man alles
DIE FRAU
Und will dir alles geben: wer ich bin und was ich hab
DER MANN
Und will dir alles geben: wer ich bin und was ich hab
DIE FRAU
Adieu, meine Liebe, mein Leben. Behalt mich im Her-
zen. Es war die schönste Zeit. Gott schütze dich.

*Sie entfernt sich langsam*

DER MANN
Wo sind wir gewesen, Geliebte?
Wo sind wir denn nur gewesen?
DIE FRAU
Schlaf, schlaf
Nicht anrufen!
DER MANN
Ich habe Angst.
Gib mir noch einmal deine Hand
wie es war am Wasserfall –
führ mich noch ein kleines Stück,
ich seh ja nix!

*Sie entfernen sich voneinander*

DIE FRAU
Halt mich! Halt mich fest!
DER MANN
Bis bald, ewig bis bald!

*K und M an einem Tisch in der Kneipe. M, die kleinere und jüngere, trommelt in andauerndem Bewegungsüberschuß mit den Fingern auf die Tischkante, kippelt mit dem Stuhl, rollt die Schultern, wiegt den Oberkörper usw. In dem Augenblick, da die Szene hell wird, springt eine dritte Frau vom Tisch auf, als gehörte sie nicht auf die Bühne. Sie rennt nach rechts ab, wirft den Stuhl hinter sich um.*

M
Das wars, das wars, das wars
Irene, autsch, wow!

*Sie titscht Weißbrot in den halbleer gegessenen Teller der davon-gelaufenen Frau*

K
Ne abgeebbte Kuh / das Hinterletzte, was du hier an-
schleppst
Nur Knete und Klamotten in der Schale
M
Aber sich eintüten, dick ja, wie ne Fascho-Lesbe
legt so ne Sause drauf und fragste nach, was da läuft
dann hängt sie auf Nagellack und Heißluftmassage und
die Probleme
Bist ja nirgends sicher vor diesen Boutiquentorten
Die kommen in der schärfsten Kutte, voll progressiv,
und is bloß 'n Affenwitz, is ne Modeschnecke

*K macht diese Frau nach. M beobachtet sie dabei und tut es ihr unwillkürlich und motorisch gleich.*

K
Bin ja erst im Juni wieder in Miami
Oh ich muß aufpassen, der Nagellack!
Muß ja bis Juni reichen / himbeerrot
oder meinetwegen auch dunkelrot /
Kann überhaupt nicht mehr deutsch essen
Pffft . . . muß wirklich aufpassen,
daß ich nicht zu heavy esse / ne abgeebbte Kuh
mit Hakenkreuzen aus Plastik auf den Äppeln /
so und ihr starken Typen, ihr seht ja hier alle
so wahnsinnig floppy aus, ach so floppy seht ihr aus . . .
Hat die überhaupt gelöhnt?
M
Ja hat sie

*Sie nimmt das Geld von der Serviette und steckt es in ihre
Hemdtasche.*

M
Aber voll breit war die, breit bis zum Stehkragen
Grenzenlos aktiv du / möchte nicht wissen,
wie die jetzt abdüst, wie die jetzt ihre Karre durch die
Ritzen drückt

*Sie springt auf, macht Motorradknattern nach, rennt um den
Tisch, stößt mit dem umgeworfenen Stuhl zusammen.*

Crash! Sprong! Brooch!

*Sie setzt sich wieder, zupft an Ks Jacke*

M
Violett ja
K
Violett –

M

Nee so hell mehr so lila

K

Grün mit 'nem Stich blau

M

Lila ja

K

Lila, fast violett

M *zum* KELLNER *im Hintergrund*

Noch 'n Edelzwicker!

K

Weiß gar nicht, was die hat. Ist doch kein Küchenkittel oder? Braucht mich doch nicht so tierisch anfiesen deswegen.

M

Na laß sie. Ich habs gern

K

Wie gern?

M

Sooo gern. Nee is Spitze, echt
Nee ich find dich echt toll. Das ist blöd jetzt klar / ich mein, ich wollt einfach wissen, was die auf der Reihe hat, ehrlich, ich find dich echt Spitze / klar ich weiß, das ist jetzt ganz doof

K

Kack, die Hose juckt / Flanell kratzt immer

M

Kratzt wo? Am Knie?

K

Oben, hier

M

Wo du nur drauf lauerst, daß es kratzt

M

Schnaff-schnaff, das rollt heut alles abwärts. Ich mein, ich würd gern mit dir wohin, wo du mal 'n bißchen in Wallung kommst, möcht ich wieder mal sehen, bist ja leicht 'n toter Vogel die letzte Zeit, möcht ich echt mal wieder sehn, wie du losfetzt, naja gehn wir ins Echsenhaus, da steht dann die Elke rum und die Probleme, hat ja auch keinen Zweck

K

Vergiß es. Ich hab da später noch 'n Rendezvous im Job. Muß noch diesen Dirigenten interviewen, weil der sich also weigert, Frauen in seinen Kurs zu nehmen. Der kriegt jetzt schon kalte Füße beim Dirigieren, weil er hinterher noch 'ne Pressekonferenz geben muß. Der scheißt sich doch glatt in die Hose beim Dirigieren, kannste ja mitkommen

M

Ich werd mich kühl beherrschen du

K

Säufst dir lieber einen an? Ja sauf dir bloß einen an

M

Verschärft du. Ich werd noch mit dir hinter deinem Guru herhasten

K

Wenn du bloß mal stillhalten würdest

M

Achja. Hab nicht so 'n fettes lean back wie du

*Sie macht* K *nach*

Verstehste, cool wie die Tagesschau / und wenn die

Mutti dahinten vom Hocker kippt und 'n Herzschlag
kriegt na und? / geht mich doch nichts an. Hauptsache
ich krieg keinen Herzschlag. Soll sie doch 'n Herzschlag
kriegen, von mir aus kann jeder, jeder du, 'n Herzschlag
kriegen, einer nach dem andern, zack, zack, zack

K

Was haste aufeinmal Mitleid mit der Mutti auf'm
Hocker wie?

M

Darum gehts doch gar nicht, ob ich Mitleid hab oder
nicht / es geht doch original bloß darum, daß dir sowieso alles scheißegal ist / und wie ich den Abend
durchzieh hier

K

Du hast dir wohl die Sicht verschluckt
Wenn ich diese Wichser treffe und was mache für'n
Interview, dann hab ich's bitternötig und denke nur an
Kasse und sonst nichts

M

Hm. Is mir klar. 'n Dirigent. Starke Oper ja. Salome.
Rübe auf 'm Teller und die Lady tanzt mit 'nem Glit-
zerdreieck vorn und 'n Arsch immer raus

K

Und ich hab's dick, wenn wir schon dabei sind, ich
hab's dick, wenn hier die letzte Modetorte vorscheißt
und du powerst dich gleich ran

M

Tu ich doch gar nicht

K

Tust du. Hab ich doch gesehn, wie du auf diese mager-
süchtige Kuh abfährst / total verschneit, wenn hier ir-
gendwo 'ne Uniform anrückt

M
Behalts für dich ja
K
Und wie / joggst ja nur noch als everybody's darling
durch die Steppe
M
Ach leck mich
K
Wenn du glaubst, du machst hier die leichte Aufreiße,
wenn ich nicht dabei bin / okay / ich mein, mir gefällt
auch manche ja, aber ich geb mir Mühe

*Auftritt der* FRAU; *sie hat einen Schnellhefter in der Hand.*

DIE FRAU
Tag
K
Tachchen

DIE FRAU *setzt sich,* K *und* M *reden ununterbrochen weiter;*
*der* KELLNER *kommt, die* FRAU *bestellt ein Glas Wein.*

K
Du hast'n paar fundamentale Dinge noch nicht gerafft,
Mieke. Herumflippen und die Probleme, da wen anmachen und dort wen anmachen, das hat bei mir also
überhaupt kein feedback. Da mach ich ganz schnell 'ne
Fliege
M
Aber du und deine Wuschimänner, wo du mit denen
dauernd quasselst weils angeblich dein Job is, diese
atomgeilen Halbglatzen, wo du dein schönstes Blendax-
lächeln aufziehst

K

Besorg du mal die Kohle! Mach was! Mußt hier nicht
alles verkullern und ich brauch nicht so viele Zombies
ansingen

M

Tja, wow, was?
Also ein wahres Ding du!

K

Bleib sitzen, Mieke, bleib sitzen

M

Aber echt! Ding-Dong! *Sie setzt sich wieder.* Ich bin eben
nicht so'n Kingsize-Ego wie du!

K

Okay, spüls runter

M

Ich bin eben nicht so 'n Praxisfreak wie du. Du glaubst,
du bist hier die Allerschärfste und kannst mich am
laufenden Meter anbiestern und bringst hier den dick-
sten Terror, aber volles Orchester!

*zur* FRAU

Wie findest denn du das?

*zu* K

Das ist doch der dickste Terror, den du da laberst

K

Kannst du's nicht mal 'ne Nummer kleiner machen?

M *schlägt mit der flachen Hand auf den Tisch*
Nein!

K *packt* M *an den Oberarmen und rüttelt sie*
Schnauze / du Schwappe / Schnauze
*Pause*

K

Wer'n hyperaktives Kind hat, soll Geduld mit ihm
haben

M

Bald bin ich aber alle. Das bringts nicht, das bringts
nicht . . .

K

Dann halt du dich zurück und mach hier nicht dauernd
Krakeele

M

Du darfst niemals sagen, daß ich eine Null bin

K

Wer sagt'n sowas / sagt ja keiner

M

Och, hab ich schon sooft gehört. Früher. Zu Hause.
Ich glaube aber ganz fest, daß niemand /
kein Mensch ist wirklich eine Null

K *lächelt*

Nein *zur* FRAU

Von wem hast du unsere Nummer gekriegt?

DIE FRAU

Ich habe mit Rosalie gesprochen

K *zu* M

Kannste nochmal 'n Moment stillhalten?
Ich bin die K und das ist die M

DIE FRAU

Ich heiße Lynn

K

Und die Rosalie hat dir den heißen Tip gegeben?

M

Ne Quatschröhre, aber echt. Die Rosalie, die steht auf
jede Probleme. Voll wie'n Buch. Das reinste Lexikon.

Aber auf jede Probleme steht die. Die Frau und die Frau, der Knast und der Krieg, die Fixer, die Geisteskranken, die Arbeitswelt, die AKWs, die Sonne, die Natur – Indien!

DIE FRAU

Sie sagt, du hättest speziell Erfahrung mit Gewaltproblemen und so

K

Die denkt auch, ich bin 'ne Art Selbsthilfeorganisation für die Multiproblemfamilie. Na zeig mal her deine sieben Sachen

*Die* FRAU *öffnet die Mappe, schiebt ein Foto über den Tisch.*

K

Das ist er?

DIE FRAU

Ja

M

Sieht aus wie'n Stellwärter ohne Aufstiegschancen

DIE FRAU

Der hat einmal ganz nett ausgesehen *Sie zeigt ein anderes Foto*

K

Vom Typ 'n träger Brüter

M

Aber Kolonnenspringer auf der Autobahn

DIE FRAU

Er ist Musiker. Orchestermusiker. Wir sind es beide. Er unterrichtet Querflöte an der Hochschule.

*Sie zeigt ein anderes Foto*

Da steht er auf der Post, die Hände zittern.
Bei mir zuhaus kann er sich alles herausnehmen, aber
vorm geringsten Haufen Leute kriegt er weiche Knie.

*Ein weiteres Foto*

Da ist er Weihnachten übergetreten und ich hab mich
im Klo verbarrikadiert

M

*zum Foto* Ich würd sagen, das ist so einer – so'n Snuffi,
so'n leiser Fachmann ja / der hängt 'n Tauchsieder ins
Aquarium und montiert dir ne Stecknadel in die Zahn-
bürste

Die Frau

Und wollt ich einmal ausgehen, da hat der Mann mich
an den Haaren zurück in die Wohnung geschleift. So-
gar hat er mich mit einem Ätherbausch betäubt, um
mich zu vergewaltigen. Vergewaltigung war überhaupt
an der Tagesordnung.

K

Elmar in Büro und Garten, versteh schon.
Haßt du ihn?

Die Frau

Ja

K

Voll negativ?

Die Frau

Ja

K

Ich mein, da gibt's nicht etwa den Punkt, daß ihr euch
hinterher wieder nett versalbt und die Probleme. Ich
mein, ihr hängt dann nicht auf diese Art Wiedergut-

18

machungspenetration, was für manche ne echte Speziali-
tät ist

DIE FRAU *schiebt ein Heft über den Tisch; ruhig*
Er nimmt Pornohefte und streicht in den Pornoheften
alles Geschriebene und die Sprechblasen aus

K *und* M *untereinander*

K

Was hat frau nicht alles
erlebt ja: der macht dich
fix und fertig. Der wird
speziell nur affenscharf,
wenn du ihm von ganzer
Seele leid tust

M

Der kriegt überhaupt nur
einen gerade, wenn er fett
auf Mitleid abfliegt

K

Der kommt mit so 'nem
Reueständer ins Bett ge-
krochen

M

Der im Bett also weißte
ich sag dem doch / um 12
Uhr nachts will er noch ne
Suppe haben / sag ich heb
deinen faulen Arsch aus
dem Bett

DIE FRAU *redet drunter weiter*

Und dann muß ich auch
sowas machen für ihn.
›Bist ja meine einzige
Nummer‹ Sag ich: ›Nein.
Das ist nicht meine Fanta-
sie. Die will ich nicht. Das
ist deine Fantasie. Die
kannst du behalten . . .
Ich will meine Fantasie!‹
Sagt er: ›Deine Fantasie?
Was hast'n du für'n Fan-
tasie? Na dann zeig mal
her ─‹
Hört doch mal zu!

M

Hörn wir ja zu / und dann gehste rüber in die Küche
und kochst dir selber deinen Haferschleim. Das ist ge-

nauso wie wenn ich in 'ner Beziehung mit 'ner Frau
sagen würd, ich mein, das kommt da auch vor, daß eine
mal mufflig ist und durchhängt –

K

Denn up and down, up and down geht die Wiege des
Satans

M

Up and down, up and down wiegt der Tod das Leben

Die Frau

Hört mir doch bloß mal zu!

K

Also in deinem Fall würd ich praktisch sagen, das beste
is, wenn du dem ne echte message verpassen willst, du
gehst in deinem Haus rum oder wo du wohnst, baust dir
ne kleine Solidargruppe auf / fünf, sechs Frauen, die
wissen dann haarscharf, was bei dir zuhause läuft und
die Probleme / und die quatschen das dann weiter und
plötzlich kennen zwanzig, dreißig Frauen die Schweinereien deines Mannes und der blickt das und merkt,
daß ihm da plötzlich ne starke Meute in die Pantoffeln
guckt –

Die Frau

Nein

M

Willste nicht, nein?

K

Ich hab das Gefühl, die Schwestern sind alle so tierisch
faul geworden. Die holn sich lieber den Psychoonkel
vom Sozialamt in die Familie / da haust der dann mit in
der Dreieinhalbzimmerwohnung / wie'n Schiedsrichter
familienberatend ja / und bei jedem Tritt wird abgepfif-
fen und dann im trauten Familienkreis der ganze Kack

mal richtig durchanalysiert. Ah, die sind so verdammt
verstaatlicht, diese Schwestern
    Die Frau
Ich will, daß wir gemeinsam zu ihm gehen
    K
Zu wem?
    Die Frau
Zu meinem Mann . . . meinem Geliebten
    K
Trittst mir dauernd auf die Füße, äh – wie heißt du?
    Die Frau
Lynn
    K
Trittst mir dauernd auf die Füße, Lynn
    Die Frau
Na, nur ein Mal, eben
    K
Nee, schon das dritte Mal du
    M *zum* Kellner
Zahlen!
*Der* Kellner *bringt die Rechnung*
    Kellner
Dreiundvierzigachtzig
    M
Was?! Das bringts! Aber mit Geschirr du!
Zähl mal pur, Snuffi
    Kellner
Sie beide hatten je drei Gläser
und Sie ein Glas. Die Dame, die vorhin
an Ihrem Tisch saß, hatte drei Gläser
und einmal den Rinderbraten

M
Die war voll
K
Die Dame hat selbst bezahlt
M
Die Dame hat ihre drei Edelpißzwicker bereits gelöhnt.
Stimmt's?
K
Verschärft
KELLNER
Nein
M *schlägt mit der Hand auf den Tisch*
Doch!

*Der* KELLNER *legt die Rechnung auf den Tisch, geht nach hinten*

M
Wir löhnen sechs Wein / und Schnauze
Wenn du denkst, du kannst uns hier den Löffel beschütten –
K
Versuchen Sie niemals, zwei Frauen zu verscheißern!
DIE FRAU
Drei!

K *und* M *suchen in ihren Kleidern Geld zusammen. Undeutliches Geplänkel.* K: »Schieb noch was rüber«. M: »Hab nix«. DIE FRAU *bietet zögernd einen Schein an, um alles zu bezahlen.* K *will* M *das Geld aus der Hemdtasche nehmen.* M: »Finger weg!« *usw. Dunkel.*

DER MANN *zuhaus auf einem Küchenstuhl vor der Waschmaschine. Er sieht in die Trommel, in der die Wäsche rollt. Er
trinkt Bier aus der Dose. Im Raum stehen ungeordnet einzelne
Stücke aus Küche und Wohnzimmer nebeneinander. In der Mitte
ein Biedermeiersofa mit niedrigem Rauchglastisch, zwei Stühle.
Ein Notenständer mit Notenblättern und der Querflöte. Auf der
rechten Seite ein Bücherregal. Links neben dem Sofa ein Tablett-
wagen mit Telefonbüchern und Telefon. Der Hörer liegt neben
dem Apparat, es ertönt die Zeitansage. Auf dem Boden um die
Waschmaschine Eimer, Geschirr, Vasen.*

DIE FRAU *tritt mit K und M aus dem dunklen Hintergrund der
Bühne.*

K
Guten Abend
   DER MANN *springt vom Stuhl*
Lynn?
   DIE FRAU
Ja mein Herz

*Er will zu ihr laufen, doch die zwei schieben sich vor die* FRAU*,
Rücken an Rücken, stemmen die Ellbogen in die Hüfte.*

K
Schön haben Sie's hier
   M
Riesig
   K
Is ja fast 'n Reitstall

M
Fehlt bloß das Sägemehl
DER MANN
Nehmen Sie doch Platz ... ich habe geräumt, die
Handwerker sind in der Küche ... ich habe alles um-
geräumt ... Bist du's? / Bist du's?
DIE FRAU
Ja mein Herz
DER MANN
Ich faß es nicht, ich faß es nicht
Nehmen Sie doch Platz. Setzen Sie sich. Likör, Likör?

*Er sucht den Likör im Kühlschrank, läuft dann zum Bücherre-
gal, nimmt die Flasche und drei Gläser, geht zum Tisch, versucht
einzuschenken, der Ventilverschluß klemmt, es kommt nichts
heraus*

Träum ich oder träum ich nicht? ... Moment, Moment

*Er findet einen Korkenzieher, bohrt ihn in die Plastiköffnung der
Flasche, starrt die FRAU an, »Wahnsinn, Wahnsinn«, zerstört den Verschluß, drückt ihn in die Flasche, der Likör spritzt
heraus. »Moment, Moment«, er läuft umher, »das war
falsch, das war falsch«, holt ein Küchensieb und schüttet durch
das große Sieb aus der Flasche in die kleinen Gläser, die alle
überlaufen, »Moment, Moment«, er läuft am Telefon vorbei, legt den Hörer auf, vorbei an den Frauen. K und M
schließen Schulter an Schulter, verdecken die FRAU in der Mitte.*

M
Was is 'n das für einer?
K
Schnauze

M
Ich leg mich doch nicht mit 'nem HB-Männchen an

DER MANN *holt einen Lappen, wischt die Likörlachen auf,*
*bringt den Frauen die Gläser. Die Waschmaschine stößt Wasser*
*aus dem am Boden liegenden Schlauch aus,* »Moment, Moment«, *er legt den Schlauch in eine Schüssel.*

M
Haste vielleicht 'n trocknes Keks oder so?
Hab gern 'n trocknes Keks oder so zum Likör
   DER MANN
Keks, Keks . . .

*Er läuft zum Bücherregal, sucht nach Gebäck. Die Schüssel, in*
*der der Schlauch liegt, läuft über. Er rennt hin, nimmt den*
*Schlauch, hält ihn über Tassen, Vasen, Eimer, die auf dem*
*Boden stehen.*

   DER MANN
Dieser ewige Kampf mit den Handwerkern
Dieser ewige Kampf mit den Handwerkern
   DIE FRAU
Liebling, das sind Kattrin und Meret
   DER MANN
Ja mein Stern – nehmen Sie doch Platz.
Moment, Moment . . . *Er läuft zur Waschmaschine, stellt*
*sie ab.*

M
Haste nicht vielleicht 'n trocknes Keks oder so zum
Likör?
   DER MANN
Ach der Keks, der Keks . . . *Er sucht wieder*

K *zur* F‍RAU

Das ist aber nicht der Typ von deinen Fotos

M

Ne Wahnsinnshose

D‍IE F‍RAU

Er kann so sein und er kann auch anders sein

D‍ER M‍ANN

Es tut mir leid. Ich . . . ich habe keinen Keks mehr.
Ich finde keinen. Alles umgeräumt. Man findet nichts
mehr. *Er setzt sich aufs Sofa*

M

Aber Sie haben bestimmt 'n Stück Obst im Haus.
So'n Stück Obst hamse doch oder?

D‍ER M‍ANN *läuft zum Kühlschrank*

Obst, Obst . . . Moment, Moment . . .

*Er holt eine Banane aus dem Gemüsefach. Sie fällt ihm aus den
Händen.*

Alle Bananen sind gleich. Alle Bananen sind gleich.
Alle!

*Er holt zwei Äpfel aus dem Kühlschrank*

Äpfel? Ja? Du auch einen Apfel, Liebste?
Einen Apfel schälen?

*Er setzt sich wieder auf das Sofa, beginnt die Äpfel zu schälen.*

D‍IE F‍RAU

Hast du denn arbeiten können?

D‍ER M‍ANN

Ich habe es versucht, ich habe es versucht.

26

Ich muß ja meinen Kurs vorbereiten, nicht wahr –

DIE FRAU

Es ging also. Du bist zurechtgekommen.

DER MANN

Nicht gut, nicht gut – zuerst dachte ich,
alles / Räume, Uhren, Speisen
immer für sie bereit halten,
so daß sie jederzeit in die Tür treten könnte
und zuhause wäre.
Dann kamen die Maler –
abends die Heimkehr in die leeren Räume,
diese fürchterliche Leere, die sich durch ihren nicht zu
erwartenden Anruf ins Unermeßliche ausdehnt.
Abdruck ihres Körpers in der Sofadecke.
Hier bitte! Ich habe ihn säuberlich erhalten.
Mein Pompeji!

K

Aber das muß ja eine furchtbare Zeit für Sie gewesen
sein! Wie haben Sie es bloß aushalten können, Herr –?

DER MANN

Na, ich sage ja:
Zuerst dachte ich,
alles / Räume, Speisen, Uhren
immer für sie bereit halten,
so daß sie jederzeit in die Tür treten könnte
und zuhause wäre.
Dann kamen die Maler –
abends Heimkehr in die leeren Räume –
mein Pompeji

M

Scheiß auf Pompeji! Hast dir ne fette Selbstanglotzung
reingeschoben / hast nicht mal geschnallt, warum frau

hier total abgemodert ist / warum die nicht mehr das
Pißbecken mit dir teilen will

DIE FRAU

Weißt du, Rolf soll eine fantastische Vorlesung über
Pergolesi halten. Was meinst du? Ich dachte, wir gehen
am Freitag mal hin.

DER MANN

Ja. Ist mir recht.

DIE FRAU

Oder am Montag?

DER MANN

Ja. Ist mir auch recht.

DIE FRAU

Ich dachte, wir gehen zusammen mit Kattrin und Meret hin.

DER MANN

Ja. Ist mir recht.

DIE FRAU

Oder vielleicht gehst du doch besser am Freitag allein
hin.

DER MANN

Ja. Ist mir recht.

K

Woher kommen Sie, Herr –?

DER MANN

Ich? Ich bin gebürtig aus Kaiserslautern.

K

Erster FC Kaiserslautern wie?

DER MANN

Ja richtig.

K

Und wie fühlen Sie sich hier im kühlen Norden?

DER MANN
Och, ich will mal sagen: hier möchte ich nicht begraben sein.

K
Sondern? In der Heimat?

DER MANN
Ja.
Wissen Sie, ich bin kein Fußballnarr.
Aber wenn Sie schon den Ersten FC erwähnen, dann muß man hinzufügen, daß wir gerade wieder in die Tabellenspitze aufgerückt sind. Und nächste Woche gegen den MSV Duisburg. Da sage ich Ihnen ein 2:1 voraus, mindestens. Ich habe auch den Sieg gegen Schalke vorausgesagt. Und seit dem Spiel gegen uns befinden sich die in der Abstiegszone.

K
Sie haben also gewußt, daß Schalke in die Abstiegszone kommen würde, das haben Sie also tatsächlich gewußt?

DER MANN
Na Gott, da gehört nicht viel dazu. Sehen Sie sich die schwache Verteidigung an und überlegen Sie mal, was die letzten drei Schalke-Spiele in puncto Abspiel so geboten haben.

K
Du fiese Scherbe du

DER MANN *stutzt einen Augenblick, redet dann weiter*
Sie werden bemerken: die spielen schon lange nicht mehr den Stil der Malinowski, Siebert, Berni Klodt.
Was die spielen, ist mir viel zu abstrakt.
Gehirnfußball, möchte ich sagen.

K
Wir sind 'n schlechter Verlierer, Snuffi

DER MANN *heiter*

Ach du liebes bißchen, nein, nein, das ist wahrhaftig
kein Kunststück, denen den Abstieg vorauszusagen.
Nur noch Taktik, die nackte pure Taktik –

K

'n echt schlechter Verlierer ja

DER MANN

Aber nehmen Sie dagegen bitte unseren linken Flügel
unter die Lupe: da ist das Vollblut Herwig Neuhaus,
Paolo Pegazzi, der stolze Sarde –

DIE FRAU

Du redest mit ihr über Fußball?
Das war doch zwischen uns immer verpönt

M

Ver – wat?

DIE FRAU

Verpönt!

M

Pönt ja? Das kommt zu spät.
Pönt, sagt doch kein Mensch

K

Laß sie doch reden was sie will
Sind doch ihre Wörter. Kann sie doch machen mit was
sie will

M

Die tut dauernd so als ob / mit ihre Quatschwörter

DIE FRAU

Ich tu gar nicht so als ob

M

Doch tust du. Sowas von verlogen, das ganze Gemächer

DIE FRAU

Du bist verlogen!

M
Nee, du! Sowas von verlogen. Tust ja nur so. Pönt und
so'ne Quatschwörter
K
Laß doch mal den Kack mit den Wörtern
M
Ich kann doch nix dafür
K
Laß sie doch reden wie sie will
M
Lauter so'ne Quatschwörter
DIE FRAU
Scheiß dir aufs Ohr!
M
Uaaah! Die sagt bloß Quatschwörter, die keiner sagt
K
Was hat sie denn gesagt, sie hat doch weiter gar nichts
gesagt
M
Du – du sabberst doch auch nur rum
K
Halt Abstand. Die ist da an was dran. Laß sie.

M *setzt sich auf einen Stuhl, greift das Telefonbuch, reißt Seiten
raus, zerknüllt sie, wirft sie auf den* MANN

DIE FRAU
Hier bin ich. Hier steh ich.
Hier blick ich dich an.
Warum hältst du mich nicht?
Warum nimmst du mich nicht?
DER MANN
Komm zurück, Lynn, komm her zu mir

DIE FRAU

Ja ruf mich! Tröste mich, gib deine Hand!

Rede, rede zu mir

M

Macht mir also echt Mühe da noch durchzusteigen
bei euch

K

Schnauze

DIE FRAU

Ich komm da nicht alleine raus

Ich komm da nicht alleine raus

M

Mami, wo sind wir'n hier zu Besuch?!

Die hat ja wohl auf ihren Lockenwicklern gepennt.
Total kaputt, aber total. Hätt ich doch nie geglaubt,
daß die hier noch 'ne Arie singt mit ihrem Unfallpart-
ner

*Die* FRAU *lehnt ihren Kopf an die Knie des* MANNS

DER MANN

Gesund werden?

DIE FRAU

Ja, wollen

DER MANN

Gesund – willst du?

DIE FRAU

Ja wollen

DER MANN

Na komm

DIE FRAU

Ja

DER MANN
Warum bist du gekommen?
DIE FRAU
Ich wollte
DER MANN
Hörst du mir zu?
DIE FRAU
Ja, tu ich
DER MANN
Was denkst du?
DIE FRAU
Ich bin da
DER MANN
Du hörst mir nicht zu
DIE FRAU
Doch. Ich bin da
DER MANN
Hast du Angst?

DIE FRAU *schweigt*

DER MANN
Ich frag dich was
DIE FRAU
Angst, ja. Hab Angst
DER MANN
Angst wovor?
DIE FRAU
Angst vor . . . vor . . .
DER MANN
Angst vor?
DIE FRAU
Vor . . . ich weiß es nicht

DER MANN
Sieh mich an. Angst vor?

DIE FRAU *schweigt*

DER MANN
Du siehst mir nicht gerade in die Augen
DIE FRAU
Doch
DER MANN
Na?
DIE FRAU *müde*
Du, dir . . .

*Das Telefon surrt*

M
Telefon
K *zum* MANN
Sitzen bleiben!
DER MANN
Das ist Freund Rolf . . .
M
Sitz!

DIE FRAU *steht auf, geht zum Telefon, nimmt den Hörer ab*
Ja? . . . Ja. Ich bin's. Bin wieder da . . .
Doch. Nein. Ich glaube, er ist sehr glücklich.
Augenblick mal, nein, ist gerade runtergegangen.
Wie? Nein, bloß zur Apotheke. Ja, ja, werd ich ihm
sagen. Gut, ich sags ihm. Danke, Rolf, danke.
M *unterdessen*
Ne Null mit 'nem Telefon.
Der verdient nicht mal 'n Telefon zu haben

**K**
Jeder hat 'n Recht auf'n Telefon
**M**
Aber der nicht. Wie willst'n dich melden am Telefon?
Ne Null. Niemand da, wie?
**Der Mann** *steht plötzlich auf*
Ihr häßlichen Kröten, ihr verdammten Vipern!
Ihr Pizzafresser, ihr Hexen, Kinder von Öl und Wüste,
abgestumpfte Brut, räuberisch, mörderisch, ohne einen
Finger zu krümmen, eure Seelen – giftiger als Atom-
müll, ihr verpestet die Liebe, die Kinder, das Land, ihr
helft denen, die Nacht und Grauen über uns bringen
werden, ihr wißt ja nicht, was los ist auf der Welt, oder
ihr wißt es und habt eure Masken aufgesetzt und könnt
euren Mund nicht halten, ihr redet – ihr redet ja nur,
um nichts zu hören, nichts zu sehen!
**K**
Hast du die Frau geschlagen oder hast du sie nicht
geschlagen?
**Der Mann**
Ich hab sie geschlagen? Ich hab sie geschlagen! Lynn,
hab ich dich geschlagen – hab ich dich nicht geschlagen? Verfluchter Höllenspuk! Was heißt hier geschlagen? Das geht doch nur mich etwas an oder?
**M**
Dir brennt wohl der Kittel! Auf der Post, da schlottern
dir die Eier und hier zuhaus, bei der Frau, da läßt du
den großen King raushängen

*Die* **Frau** *nähert sich dem* **Mann**; K *und* M *folgen ihr*

**Der Mann**
Was ist los?

## Die Frau

Spielen, spielen. Will ja nur mit dir spielen . . . Ich sag dir's, ich erzähl dir alles / jede Minute, die ich noch mit dir verbringen kann / Liebster! Sieh, der Mond blieb stehn, blieb stehn. Der Mond zieht das Blut in die Höh. Es steigt, es steigt, es wird ein ungeheueres Verlangen. Die Frauen kommen, 's ist alles Unfug auf Erden, mein Freund. Die Echsen kriechen aus den Stereoboxen. Die kommen angekrochen mit ihren dicken Patschern und die wollen dich an den Armen packen, die wollen dich an den Lippen beißen, die wollen dich an den Haaren reißen, so machen sie es und so und so und so –

*Sie drücken ihn in die Knie, ziehen seinen Kopf an den Haaren hoch, biegen seinen rechten Arm auf den Rücken.*

K
Sie wollen dich aus den Kleidern schütteln
M
Sie wollen an deinen Knochen rütteln
K
Die wollen dich mit Haut und Haar benutzen
M *nimmt das Obstmesser*
Und dir mal die Öhrchen putzen
Erst schneiden sie dir die Schnürsenkel ab –
K
Wenn du glaubst, du kannst dich hier in deinem Puff verkriechen und die Frau zu Schweinereien abrichten / wir finden euch! Wir finden jeden! Wir holen euch alle raus aus euren Stinklöchern, einen nach dem anderen, Sadisten, Kriegstreiber, Weltbrandstifter, Pornorassisten

K *nimmt das Messer, drückt es ihm aufs Ohr*

M
Sag, ich schäme mich vor meiner Frau

*Der* MANN *schweigt.* M *holt die Querflöte, hält sie ihm drohend vor den Mund.*

Mach's Maul auf
K
Sag, ich schäm mich, los!
DER MANN
Ich schäme mich vor meiner Frau
K
Ich schäme mich vor meinem Besuch . . . Los!
DER MANN
Ich schäme mich . . . vor meinem Besuch
M
Sag, ich schäme mich vor meinem Telefon
DER MANN
Ich schäme mich vor meinem Telefon
M *sieht sich im Raum um*
Ich schäme mich – ich schäme mich:
vor meiner Waschmaschine!
DER MANN
Ich schäme mich vor meiner Waschmaschine
*Plötzliche Aufbäumung*
Ich schäme mich vor dem blauen Himmel
Ich schäme mich vor der Dunkelheit
Ich schäme mich vor der Morgendämmerung
Ich schäme mich vor dem, der stirbt in mir jetzt
DIE FRAU
Schluß machen! Schluß! Schluß!

M *schlägt mit der Flöte auf den* MANN. *Er bricht zusammen.*
*Die Frauen zerreißen ihn.*

DIE FRAU
Oh mein Freund! Küß mich, leck meine Augen, friß
mein Haar, trink meinen Fluß, faß mir in den Leib, hol
alle Scheiße aus mir, hol alles heraus, mehr, mehr,
mehr! Du Macht du König du Reich du Wahnsinn du
Tod du Schwanz du Volk . . . Halt mich, halt mich!
Rede! Rede! Ich schieß durch die Decke, ich schieß in
den Himmel . . . Rede! OH MEIN GOTT . . . ich habe
die Liebe, ich habe die Liebe / ich teile nicht, ich teile
nicht, ich teile nicht

*Sie läuft mit Fetzen zur Waschmaschine, stopft sie hinein.* K
*und* M *tun es ihr nach.*

DIE FRAU
Alles uffheben, alles uffheben
    K und M
Alles uffheben, alles uffheben

*Der* MANN *ist verschwunden. An seiner Stelle liegt ein Torso*
*mit abgewandtem Kopf vor dem Sofa.*

DIE FRAU
Mit deinen Augen, mit deinen Augen . . .
was der alles sah, das sah ja sonst niemand
    K
Na du, Zeitgeist, steh auf!
    M *vor dem Bücherregal*
Wollt ma fragen, was so'n Taschenbuchlexikon / hab
auch schon von größere Lexikons gehört, Brockhaus ja,
wollt nur mal fragen, was man braucht, wenn man

nicht immer, sondern bloß wenn man mal was nachse-
hen muß und was es kostet
   DIE FRAU *lehnt am Regal*
Eins zwei drei vier Eckstein
alles muß versteckt sein

*Sie sieht sich nach dem Torso um, wiederholt den Vers. Dann
geht sie zum Kühlschrank, nimmt eine Dose Bier, öffnet sie. Die
beiden anderen folgen ihr.*

   DIE FRAU
Haut ab. Verschwindet.
   M
He!
   DIE FRAU
Macht, daß ihr wegkommt. Ab! Fort!
Ihr häßlichen Kröten, ihr verdammten Vipern!
   K
Du bist wohl übergetreten, wie?
   DIE FRAU
Raus! Abschaum! Stinkvieh! Atomseelen! Öl und Wü-
ste-Öl und Wüste! Raus!
   M
Du Scheißmuffe du!
   K
Ausgeklinkt, aber total
   M
Das Schärfste! Läßt sich 'n vollen Abriß besorgen und
scheißt uns noch an!
   K
Alle is sie, die ist einfach alle.
Versteh schon. Komm Mieke, los.

*zur* F RAU  See you in the next world,
don't be late ja
   M *im Abgehen*
Haste gehört wie die ihren Struppi noch angeschnullert
hat, 'ne wahres Ding, irre.

*Sie läuft zurück in den Vordergrund*

Da liegt 'ne zerstörte Flachhaarperücke auf 'm Teppich, vergiß das nicht!

*Die beiden ab. Die* F RAU *sitzt vor der Waschmaschine, stellt sie
an, trinkt Bier, sieht in die Trommel, die sich in kurzen Abstän-
den dreht.*

   D IE  F RAU
Komisch? Ich bin nicht komisch. Du bist komisch. –
Und du bist noch viel dööfer. – Du bist so doof, du weißt
gar nicht mehr, daß du der Dööfste bist. Der Allerdööf-
ste nämlich. – Hoffentlich werden die alle bald umge-
legt, diese Säue! Tack, tack, tack, tack! – Ja. Ich bin bös.
Wenn ich es nicht wär, dann wärst du es. Es hat *mich*
erwischt. Zum Glück. Hab auch – hab auch das Geschenk meines Gottes in Stücke gerissen wie der Wolf
das Lamm. – Na komm. Wir sind doch keine Kohle-
schipper. Wir waschen uns die Haare nicht, weil sie
schmutzig sind, sondern weil's hygienisch ist.

*Dunkel*

### Das Leben eine Therapie

*Heller Raum. Fabriketagenwohnung. Links eine Eisentür mit
der Notbeleuchtung ›Ausgang‹. In der Rückwand ein Fenster zur
Straße. Zwei Lautsprecherboxen mit zerstörter Stoffbespan-
nung. Notenständer mit Querflöte. Links vorn neben der Tür das
Biedermeiersofa. Ihm gegenüber auf der rechten Seite ein kleiner
Tisch mit weißer Tischdecke. Die* FRAU *liegt im offenen
Fenster. Sie geht zum Tisch, streicht die Tischdecke glatt.*

DIE FRAU
Wenn Kattrin kommt /
was auch immer sie mir schenken wird,
es wird etwas Reiches, etwas Geheimnisvolles,
etwas vollkommen Unbekanntes sein . . .
Ein Tier, keine Katze, keine Schildkröte,
kein Fisch. Nein! Ein neues Tier!
Hans sollte sich daran erinnern,
was ich wirklich brauche: 'ne Notentasche,
Ziegenleder dunkelblau.
Und wenn mein Tisch schon bald mit
Früchten, Blumen, Kuchen, Dingen!
überfüllt sein wird?
Dann werden wir weitersehen

*Sie geht zurück zum Fenster. Über der Tür blinkt das ›Aus-
gang‹-Licht. Die* FRAU *stellt sich hinter dem Tisch auf. Der*
MANN *(mit einem Pflaster auf der rechten Wange)*, K, M *und
ein* ZWEITER MANN *drängen wie hinausgeworfen von einer*

*mächtigen Hand plötzlich durch die Eisentür. Die beiden Frauen*
*in freundlichen Kleidern und mit frischen Frisuren. Die Tür*
*schließt sich wieder. In den Raum stolpernd, fällt die Gruppe*
*auseinander, jeder bleibt auf seinem Fleck gerade stehen und sieht*
*in die Höhe oder seitwärts zu Boden. Alle tragen dunkle Brillen.*

M
Das war ein Film!
DER MANN
War es ein Film?
K
Ich weiß es nicht

*Sie nehmen die Brillen ab.*

M
Wie ein Film
DER MANN
Besser als ein Film
K
Besser als der beste Film
M
Ich will nur unter Menschen gehen
Laßt mich doch laufen
Wie demokratisch ist das denn hier?!
DER MANN
Ich hab genug gesehen, Herr
K
Das muß eine große Liebe gewesen sein
DER MANN
Seinerzeit
K
War es seinerzeit?

M
Früher
K
Damals
M
Noch früher
DER MANN
Was ist der Fall?, fragten wir dort, statt: wieviel Uhr ist es?
K
Wo sind wir im Fallen eben vorbeigekommen?
M
Was ist draußen zu sehen?
K
Was hört man von den anderen?
DER MANN
Was macht die Angst, was ist aus ihr geworden?
K
Was für'n Reich und welche Regeln dort!
DER MANN
Ein Koboldreich der Obszönitäten
K
War das obszön?
M
Ich weiß es nicht
DER MANN
Geradezu obszön
M
Mehr als obszön
DER MANN
Ein Atlantis der Obszönitäten
M
Tyrannei!

K

Der Herrscher mit der Flamme auf dem Kragen

M

Herr über längst versunkene Obszönitäten

DER MANN

Es gab dort einen göttlichen Irgendwen

M

Nur Lieb und Graus, nur Lieb und Graus

DER MANN

Plötzlich packt mich ein Etwas
und ich flieg aus dem Haus –

M

Aus dem Film

K

Aus der goldenen Horde

M

Wie schnell das ging!

K

Wie unendlich langsam!
Und noch durch viele Himmel und schönere als oben
der

DIE FRAU

Äh . . . will nicht unterbrechen . . . nur eben mal erwähnen: hier unten gibt es auch zu feiern heute, falls ihr
noch Vergnügen sucht, ich meine . .

K

Oh du bist schon da!

M

Ich dachte, wir seien die ersten. Wie bist du denn so
schnell nach Hause gekommen?

DER MANN

Lynns Geburtstag!

**Die Frau**
Richtig. Ihr habt's erfaßt!

*Sie stellen sich vor dem Tisch auf.*

**Der Mann**
Ich gratuliere dir von ganzem Herzen
Kam leider nicht mehr dazu, dir ein Geschenk zu besorgen. Hol's aber nach, bestimmt
**M**
Ich wünsch dir alles Liebe
Wart seit zwei Wochen auf ein Geschenk, das ich für dich bestellt habe. Ich bring's, sobald ich's hab.
**K**
Ganz herzlich, alle guten Wünsche
Hab ein Geschenk für dich zuhaus;
plötzlich merk ich: das ist nicht das Richtige!
Ich besorg dir noch was anderes

**Der Zweite Mann** *übergibt eine in Seidenpapier eingewickelte Piccoloflasche Sekt, tauscht Wangenküsse mit der* **Frau**

**Die Frau**
Oh danke! Ist lieb . . . ich danke dir

*Sie setzt die Flasche wütend auf den Tisch und läuft unter Tränen zum Fenster. Sie legt sich ins Fenster. Die anderen gehen zum Sofa. K und M drängen sich an den* **Zweiten Mann.**

**M**
Wir beide waren einmal Hexen, denn wir glaubten, unsere Welt würde von den Männern beherrscht und

von den Männern zerstört. Das glauben wir auch heute noch, aber unsere Einstellung zu den brennenden Fragen hat sich doch geändert. Es begann, als wir merkten, daß wir auch gegen Frauen rabiat wurden, denn wir glaubten, die meisten seien schon viel zu verdorben und nur Gemeinheiten könnten sie noch aufwecken.

So haben wir viel kaputtgemacht, das in unseren Augen nichts wert war, denn wir glaubten, daß hinter den falschen Fassaden ein besseres Leben zum Vorschein käme. Jetzt glauben wir das nicht mehr. Wir wissen jetzt –

K

Verstehst du, wir kamen einfach an den Punkt, wo uns klar wurde, daß man den Wahnsinn nicht mit den Mitteln des Wahnsinns bekämpfen kann. Wir –

*Sie bemerkt, daß sie* M *unterbrochen hat*

Entschuldige bitte, Mieke

M

Ist nicht wieder gutzumachen du

K

Na komm, nun verbock dich nicht.

Der Therapeut sagt, ich darf sie nicht unterbrechen, ihr nicht ins Wort fallen, ihr nicht das Wort abschneiden, ihr nicht das Wort aus dem Mund nehmen / tut ja auch weh

M

*Du* tust *mir* weh, ja


*Der* MANN *geht zur* FRAU *ans Fenster*

K

Komm, locker – lockere dich

M

Nein

K

Mieke, es geht schief

M

Ich weiß nicht mehr, was ich sagen wollte

K

Du hast gesagt: die alten Kämpfe, auch die zwischen Mann und Frau, hatten plötzlich an Bedeutung verloren, also in dem Moment, wo uns beiden klar wurde, der Mensch an sich braucht ganz allgemein eine neue Moral zum Überleben –

M

Das hab ich aber auch sowas von überhaupt nicht gesagt! *Du* wolltest das sagen, du! Die ganze Zeit wolltest du das schon loswerden und hast mir also absolut nicht zugehört. Es ekelt mich an!

K

Du wirst verletzend

M

Du hörst mir ja nur zu, wenn ich was Verletzendes sage!

K

Es geht schief, Meret, es geht schief

M

Ich weiß nicht mehr, was ich gesagt habe
und du hast nicht zugehört. Also!

K

Ich komm jetzt auch nicht drauf

M

Du kommst nie auf was

Deine Vergeßlichkeit weißt du –
die ist derart penetrant,
derart ansteckend
　　K
Aber du vergißt ja immer zuerst etwas!
Von dir hab ich's doch.
Von dir kommt doch dauernd nur
»Vergessen, au, vergessen«
　　M
Nee du, ich will mal sagen: du, wenn du was vergißt,
dann tust du's /
so herrisch, so irre selbstbewußt,
daß da ein anderer Mensch neben dir also
sofort auch alles vergißt.
Man kommt einfach nicht drauf,
neben dir, selbst wenn man's
quasi schon vorn auf der Zunge hat
　　K
Du weißt genau, daß wir nicht endlos an uns herumkri-
tisieren sollen
　　M
Genau, das war's! Jetzt hab ich's wieder.
*Sie wendet sich an den* ZWEITEN MANN
Wir waren so, weil wir glaubten, es genügt, wenn du
kritisierst, wenn du kritisch durchpeilst, was dir hier so
geboten wird. Jetzt glauben wir das nicht mehr. Jetzt
wissen wir, daß es nicht genügt, dagegen zu sein. Jetzt
wissen wir nämlich, was das Richtige ist und was positiv
ist und daß wir alle für das einzig Richtige etwas tun
müssen. Dafürsein ist positiv. Darin liegt die dicke
Wende. Daß nämlich, wenn jeder einzelne in seinem
Bereich etwas tut für das einzig Richtige –

48

**K**
Mein Gott, das ist ja noch mal gutgegangen
**M**
Was ist?!

*Sie erstarren beide*

**K** *springt auf*
Nein nein nein – so geht es nicht
Ich schaffs nicht – ich schaffe es nicht!
DER MANN *kommt von der* FRAU *zurück*
Ich glaube, da haben wir einen größeren Schaden an-
gerichtet. »Keine Geschenke, keine Geschenke. Ihr
macht mir die Therapie kaputt. Ihr trampelt mit den
Füßen auf meiner Therapie herum.«

*Der* ZWEITE MANN *geht zur* FRAU. *Sie lehnt mit dem
Rücken im Fenster, kommt ihm eifrig entgegen.*

DIE FRAU
Die Sache ist die – ich fühle mich jetzt meinem Partner
wieder sehr nah. Selbst die Tatsache, daß ich ihm offen
sagte, ich hätte ihn früher für einen sehr durchschnitt-
lichen Musiker gehalten, scheint uns einander noch
näher gebracht zu haben.
Ich bin jetzt viel eher bereit, meine Gefühe offen zu
zeigen und etwas von mir zu geben. Verstehst du, ich
will geben und nicht immer nur besitzen, haben, an
mich raffen. Dinge, die mich früher an ihm aus der
Fassung brachten, machen mir jetzt eigentlich nicht
mehr viel aus. Ich finde seine Eigenarten heute eher
reizvoll als störend. Auch die Phase, in der man einen
Menschen genauer und immer genauer und noch einmal genauer kennenlernt und dann doch das Interesse

an ihm verliert, habe ich nun endgültig überwunden. Unsere sexuellen Beziehungen sind jetzt sehr gut, weil wir sie gemeinsam erleben. Ich fühle mich freier beim Akt und empfinde weit mehr Genuß. Ich fühle mich in unserem Zusammenleben nicht mehr als Gefangener, ich stecke nicht mehr in einem Käfig von Schuldgefühlen. Ich merke jetzt, daß wir vieles gemeinsam haben. Ich glaube, daß unsere Beziehung noch lange nicht ausgelebt ist. Wir haben . . . viel (*sie atmet schwer*) Jux miteinander!

*Sie bleibt stehen, starrt zu Boden, geht dann zurück zum Fenster. Der* MANN, *der sich schon zu Wort gemeldet hat, begibt sich zum* ZWEITEN MANN.

M
Kennst du den Dicken eigentlich?
K
Nee. Ich glaube, der ist ein Freund von Lynn
M
Ach so
DER MANN
Was ich dir noch sagen wollte, nicht wahr . . .
Ich bin jetzt sehr zufrieden, tätärätä
Wir haben alles in die Sinnproduktion gesteckt,
tätärätä. Es hat sich gelohnt. Wir haben einen
neuen Harmonierekord zu verzeichnen, tätärätä
Mehr Sein, weniger Schein, tätärätä
Alle Restinstinkte runderneuert, tätärätä
Einen Sinn! Einen Sinn! Mein Königreich
für einen Sinn! Mein Bräunungscenter,
meine Taschenrechner, meine Hi-Fi-Türme,
meinen Kariben-Traum, meine Pharma-Sterne –

alles für 'nen Sinn! Tja, woher nehmen und
nicht stehlen? Ich bin zufrieden. Tätärätä.
Jeder Mensch ist kreativ. Ich bin bescheiden,
tätärätä. *Er wendet sich ab und geht vor sich hin.*
Bin nicht habgierig, nicht eifersüchtig,
nicht zu erotisch, kein workaholic.
Bin nachdenklich und gemeinschaftlich,
tätärätä. Gründlich im Blick, weich im
Urteil. Lieber etwas dümmer als geistig entwurzelt –

*Er kommt zurück an die Seite des* ZWEITEN MANNES

»Das Ding taugt nichts!« . . . Die Waschmaschine, geht
ständig kaputt, rumpelt im Schleudergang . . . »Das
Ding taugt nichts. Ein Mistding ist es. Es taugt nichts.
Es bringt nur Ärger ins Haus.« Der Waschmaschinen-
reparateur – liegt auf dem Boden, unter der Maschine
– »Hej! Die Maschine kann doch nichts dafür, wenn Sie
nicht richtig mit ihr umgehen können!« Ich: –
       K
Achtung, Hans, Achtung
       M
Paß auf dich auf
       DER MANN
Ich: »Werden Sie nicht unverschämt, Herr – /
Sie sind hier, um dieses Ding in Gang zu bringen, genau
wie vorige Woche, und im übrigen halten Sie den
Mund.« Der Reparateur: »Wenn Sie mit dem Ding
nicht umgehen können, so wie ich es Ihnen das letzte
Mal erklärt habe, dann – dann ist das schließlich nicht
meine Schuld.« Ich: »Ich habe meine Intelligenz wahr-
haftig für etwas anderes zu gebrauchen als mich für
Waschmaschinen zu interessieren.« Er: »Wenn Sie

nicht mal diese einfache Waschmaschine richtig bedienen können, scheint's mit der Intelligenz ja nicht weit her zu sein.« Ich – ich agiers aus, ich agiers jetzt aus! – »Hören Sie: ich lasse mir von Ihnen keine Unverschämtheiten sagen. Konzentrieren Sie Ihren kurzen Verstand auf Ihre Finger und schweigen Sie!« Der Reparateur steht auf, stellt sich in Positur: »Wissen Sie, Typen wie Sie, die machen mir Spaß! Sie sind ja zu dumm, um Ihre Unterhose in dieser Maschine zu waschen!« . . .

Also ich hole aus, ich gebe dem Mann einen Stoß vor die Brust, ich dreh mich blitzschnell um; der Reparateur tritt mir von hinten in die Beine, ich falle über einen Stuhl, schlag mir am Küchentisch die Backe auf, ich blute. Der Reparateur / wirft Schraubenzieher in Arbeitstasche: »Ach Scheißdreck.« Ich / am Boden: »Wie heißen Sie? Sie treten einem Kunden in die Beine. Jetzt rufe ich Ihre Firma an.« Der Reparateur: »Rufen Sie nur an. Sie haben zuerst geschlagen.« Ich: »Dummdreist ist dieses Pack. Das kommt davon! Zuviel Wohlstand, zuviel Frieden, zuviel Sozialversicherung. Man hat den Menschen ja buchstäblich die Existenz aus der Hand genommen!« Er: »Na dann sehn Sie sich diese Typen doch an, wie sie überall herumlungern, Ausländer, Drogensüchtige, Schwule, Arbeitslose«. Ich: »Ich unterhalte mich nicht mit Ihnen über diese Dinge. Das Niveau ist mir viel zu niedrig. Daß jeder Idiot heute über alles mitschwätzen darf, das nimmt langsam überhand!« Er: »Jeder Idiot darf heute an den empfindlichsten Maschinen herumfummeln. Es gibt ja kaum noch Fachkräfte!« . . . Da! es ist zum Verrücktwerden. Wir wollen uns gehörig die Meinung sagen, aber es klappt nicht, wir sind dauernd der gleichen Meinung. Ich: »Ich lehne es ab, mit Ihnen einer Meinung zu sein.« Er: »Das ist mir schnurzegal. Ihretwegen ändere ich meine Meinung nicht.« Ich: »Ich auch nicht!« Tja, patt, nicht wahr. Die Einheitsmeinung. Ich: »Dann werden jetzt eben die Fäuste sprechen . . .«

DIE FRAU, K *und* M
Halt! . . . Es reicht! . . . Steigere dich nicht rein!

DER MANN *gehorcht, rückt seine Kleidung zurecht; es entsteht eine Pause*

ZWEITER MANN
Apropos Waschmaschine. Sagt eine Berliner Marktfrau zur anderen: Mein Oller hat Harngries. Wenn der mir bedient, det is wie wenn eener mir mit de Flinte vor de Musche prasselt

*Die* FRAU *kommt langsam nach vorn*

DIE FRAU
Wer bist du?
ZWEITER MANN
Ich bin der unsichtbare Bienenstich
der bösen Frauen in die Titten sticht
K
Ich dachte, *du* kennst ihn
DIE FRAU
Ich? Ich denke, der ist ein Freund von dir
DER MANN
Von mir? Ich dachte, der gehört zu euch
M
Ich kenne ihn nicht

DER MANN
Aber ihr habt ihn doch mitgebracht
K
Er sagte, er wolle zu Lynn
DIE FRAU
Ich kenne ihn gar nicht
DER MANN, K *und* M
Ich auch nicht
DIE FRAU
Wer sind Sie?
ZWEITER MANN
Kalldewey mit Namen
hält brav zurück den Samen
DIE FRAU
Er bringt nur Obszönitäten heraus
M
Der ist krank
der hat bloß Dreck im Schädel
DIE FRAU
Wie war das? Pssst! Nur den Namen!
ZWEITER MANN
Kall-de-wey hm hm hm . . .
DIE FRAU
Nie gehört
K
Sie kennt hier niemand
M
Unbekannt sind Sie
DIE FRAU
Und jetzt verschwinden Sie bitte
ZWEITER MANN
Okay, okay
Scheiden –

DIE FRAU
Psst! Kscht!

*Der* ZWEITE MANN *geht ein paar Schritte auf die Tür zu.*

ZWEITER MANN
Willst du Scheiden ohne Krampf
versuch's mal unter Wasserdampf
DIE FRAU
Raus!

*Der* ZWEITE MANN *versucht die Tür zu öffnen. Sie geht nicht auf. Er rüttelt an der Klinke, reißt sie ab, hält sie vor seine Hose.*

ZWEITER MANN
Die Chiquita-Banane, der bekannte Fernsehstar,
zwei Pfund einsachtzig, die Sache macht sich
DIE FRAU
Schmeißt ihn raus! Schmeißt ihn doch endlich raus!

*Der* MANN *läuft zum* ZWEITEN MANN, *drückt ihn gegen die Tür, versucht sie zu öffnen, gibt auf.*

DIE FRAU
Mein Gott ist das lächerlich! Die Tür geht nicht auf! Ausgerechnet jetzt geht mal wieder diese verdammte Tür nicht auf. Jetzt haben wir diese Sau im Zimmer und kriegen diese Sau nicht wieder raus aus dem Zimmer. Nein, ich habe keine Lust mich darüber aufzuregen, absolut keine

*Der* ZWEITE MANN *kommt zurück in die Mitte der Bühne*

DIE FRAU
Kennen Sie uns?

*Der* ZWEITE MANN *schüttelt traurig den Kopf*

Auch nicht vom Sehen?
Aber Sie schleichen sich hier ein, Sie verderben mir
meinen Geburtstag, Sie trampeln auf meiner Therapie
herum ... Da! Ich nehme Ihr Geschenk ... ich zer-
reiße Ihr Geschenk wie der Wolf den Schafspelz! *Sie reißt
das Seidenpapier in Stücke.* Verschwinden Sie!
   DER MANN
Wohin denn, mein Herz?
Er kann doch nicht aus dem Fenster springen
   DIE FRAU
Verschwinden! Verschwinden! Verschwinden!
Hören Sie! ... Es ist lächerlich, ich weiß es, aber Sie
kriechen jetzt unter diesen kleinen, leeren, weißen Tisch
dort, los! ... Es ist lächerlich, ich weiß es. Ich kann – ich
will Sie nicht mehr sehen ... Ich rufe sofort eine Freundin an, die uns die Tür von außen öffnet. Solange
bleiben Sie unter diesem Tisch ... Verstehen Sie mich
recht: ich habe Geburtstag heute, ich will – ich darf
niemand Fremdes sehen ... Nein! sagen Sie nichts! Ich
bitte Sie, ich flehe Sie an – machen Sie den Mund zu
und kriechen Sie unter den Tisch!


*Der* ZWEITE MANN *schließt den geöffneten Mund, nickt
einverständig und kriecht unter den Tisch. Die* FRAU *glättet das
Tischtuch, das an allen Seiten bis zum Boden herunterhängt.
Dann versammeln sich die übrigen um das Sofa, immer den
Tisch im Auge.*

DER MANN

Das Dumme ist: ich hab mich diesem Burschen gegenüber stark zu verstehen gegeben.

DIE FRAU

Ich erst! Ich hab ihm da was anvertraut,
das weiß der jetzt für immer!,
darüber hab ich noch mit niemandem gesprochen

K

Er hatte aber auch etwas Unwiderstehliches,
von der ganzen Statur her, ich meine: auf den ersten
Blick, wie er da stand / man mußte es einfach loswerden

M

Irgendwie paßte er hierher, als hätt's ihn immer schon
gegeben. Er hat hier bloß mal reingehorcht. Jetzt weiß
er gut Bescheid über uns

DIE FRAU

Und zieht ab auf den nächsten Geburtstag, zieht ab ins
nächste Loft oder sonstwohin

DER MANN

Und so wird er von einem Mitwisser zum anderen

DIE FRAU

Das kommt davon, verdammt nochmal, daß man heut-
zutage nie weiß, wer zu wem gehört. Da kann sich
praktisch jeder Schwerverbrecher hier einschleichen
und du denkst, na gut, der gehört schon irgendwie
dazu, zu irgendwem wird der schon gehören

K

Noch können wir ihn zur Rede stellen

DIE FRAU

Reden! Der redet nicht, dem fällt bloß Scheiße aus der
Fresse. Der will hören, hören! Der hört alles krankhaft
in sich rein

K

Trotzdem. Geben wir ihm noch eine reelle Chance

*Sie steht auf, geht zum Tisch. Die* FRAU *geht zum Telefon, das auf einer der Lautsprecherboxen steht.*

DIE FRAU

Ich werde Rosalie anrufen. Rosalie muß herkommen und das Schloß von außen öffnen. Das muß sie tun für uns

K

Hatten Sie eigentlich etwas Bestimmtes gewollt von uns?

ZWEITER MANN *unter dem Tisch, undeutlich*

Morgens zum glücklichen Frühstück /
ich schieb mir'n süßen Film
in den Videorecorder –

K

Ja, ja. Schon gut

M

Was hat er gesagt, was hat er gesagt?

K *geht zur* FRAU

Es hat keinen Zweck.
Es hat wirklich keinen Zweck

DIE FRAU

Was mich innerlich davon abhält,
sie anzurufen?

K

Ja

DIE FRAU

Sie wird herkommen. Sie wird bleiben wollen.
Sie wird mit uns feiern wollen.

*Sie legt den Hörer auf, geht zum Sofa*

Hättet ihr etwas mitgebracht! 'ne Kleinigkeit, wie's sich
gehört, ein bißchen Kuchen, ein bißchen Krabbensa-
lat ... dann hätten wir jetzt etwas hier auf dem
Tisch ... Hier! Hier!

*Alle vier auf dem Sofa. Schweigen. M sieht auf ihre Armband-
uhr, dann auf die von K.*

M
Unsere Uhren sind stehengeblieben, beide zur gleichen
Zeit, auf die Sekunde. Und deine?

Der Mann
Meine geht nach wie vor

M
Seltsam

K
Was tut deine Uhr?

M
Tut's noch wie?

Der Mann
Ja. Sie geht nach wie vor

K
Was tut sie?!

M
Ist keine Quarzuhr

*Die Frau beugt sich vor, springt auf, rennt zum Tisch, tritt
gegen die Tischdecke, rutscht aus, fällt zu Boden, reißt den
Tisch mit. Der Zweite Mann ist verschwunden. Die Frau
steht auf, wischt sich die Hände, kommt zum Sofa zurück.*

Die Frau
So. Er ist weg

M

Was ist er?

DIE FRAU

Weg. Jetzt kann ich wieder atmen!

K

Wie: weg?

DIE FRAU

Weg ist weg

K

Weg ist weggehen, wegkriechen, wegspringen.
Hat hier nicht stattgefunden

DER MANN

Vielleicht ist er unbemerkt durchs Fenster –

DIE FRAU

Und die Fassade hinuntergeklettert. Die fette Robbe!

DER MANN

Ich weiß es mir nicht anders zu erklären

K

Einen Augenblick. Die Tür ist verschlossen, das Fenster
fünf Stockwerke hoch, der Mann zu fett, zu schwer, kein
Fassadenkletterer: Er kann nicht weg sein

M

Er kann sich doch nicht durch die Ritze verpullern

DIE FRAU

Wollen wir wirklich den Rest meines Geburtstages damit verbringen, nach Erklärungen zu suchen, wie dieses
Ekel, dieser unverschämte Gast aus meinen Räumen
verschwunden sein mag? Ich meine nicht. Vergessen
wir ihn samt seinem Verschwinden

DER MANN

Sein Verschwinden dürfen wir nicht vergessen.
Das wär, als stünde er noch da

K

So gesehen, stellt sich heraus, er war mir gleich nicht
ganz geheuer

M

Vielleicht war's aber der Psycholog vom Sozialamt –
einer, der uns prüfen wollte

DER MANN

Therapie-Kontrolle!

M

Reaktionstest auf ein UBS / ein unbekanntes Besuchs-
Subjekt

K

Wir haben ihn schlecht behandelt. Man muß erst sehen, was hinter einem fremden Menschen steckt

DIE FRAU

Oh nein, wir waren fabelhaft. Wir waren wunderbar.
Wir haben uns einfach wunderbar verhalten.
Und jetzt wechseln wir das Thema. Dies ist ein Geburts-
tagswunsch. – Wie schnell das ging!

K

Tja

M

Was?

DIE FRAU

Na, dieses Jahrhundert. Fast schon wieder vorbei

K

Du redest, als seist du im Mittelalter geboren

DIE FRAU

Mir ist, als sei es gestern gewesen: die ersten Autos, die
ersten Nylonstrümpfe, die ersten Kopfwehtabletten,
und heute? Ein Himmel voller Satelliten, eine Erde
voller Computer. Wie schnell das ging!

DER MANN

Jetzt soll ja jeder seinen Terminal in die Hosentasche kriegen, womit er seine Bank anweist, ohne jeden Personalverkehr. Aber dagegen bahnt sich ein Aufstand der Rentner an. Berechtigt! Die Alten gehen langsam auf die Barrikade gegen zuviel Mikrotechnik, zuviele klitzekleine Sensor-Tasten

DIE FRAU

Die Alten, wer weiß, vielleicht sind sie die Rebellen von morgen

M

Ich denke gern an ihn zurück

DIE FRAU

An wen?

M

Kalldewey

DIE FRAU

Längst vergessen.

Interessantes Thema, Hans

K

Da gibt's von einer Stunde auf die andere plötzlich ein Früher und ein Jetzt

DIE FRAU

Ja, nicht? Zukunftssorgen, Zukunftssorgen

M

Hast du welche?

DIE FRAU

Ich nicht. Aber die Menschheit

K

Dieser Mann erscheint und ich bin nicht mehr dieselbe, die ich vorher war

M

Ich spür's, ich merk's erst jetzt. Im nachhinein zieht er
mich immer stärker an

DIE FRAU

Ihr meint noch immer diesen Schweinepriester? Nur
weil sich der unterm Tisch verflüchtigt hat – mit irgend-
einem schmutzigen Trick, den ich augenblicklich nicht
durchschaue und auch gar nicht durchschauen will /
denn das führt nur zu neuen Schweinereien / und ihr,
ihr wollt jetzt einen Sack voll Zoten in den Himmel
heben?

K

Du frevelst, Lynn

DER MANN

Ich hab's mir reiflich überlegt:
ich fange an zu glauben, der Mann
war übersinnlich manifest, mit höheren
Kräften im Verein

M

Auf seinem Kragen lag der Hermelin

DIE FRAU

Jetzt fantasiert sie

K

Mein Geist wird langsam Teil von seinem Geist

DER MANN

Und jetzt verlier ich meinen letzten Zweifel: eine solche
Leere hinterläßt allein die große Führernatur

M

Ich sag's euch / es war der King, es war der King

*Die drei gehen zum Tisch, stellen die Piccoloflasche auf den
Boden und bilden einen Kreis um sie.*

DIE FRAU

Ihr werdet rückfällig, ich seh's kommen

Ihr werdet rückfällig, ich seh's vor mir

Es war alles umsonst, umsonst die Therapie!

K

Ich bin die Kattrin

M

Ich bin die Meret

DER MANN

Ich bin der Hans

DIE FRAU

Du nein! Du nicht!

Bedenk die Dummheit! Wie schnell sie dich erwischt!

Dann meinetwegen diskutieren wir.

Diskutieren wir den Wunderwanst und seine Ziele

Besser wir diskutieren bis zum letzten Schnaufer,

als daß ihr von Dummheit übermannt,

vor meinen Augen euch davonverwandelt in Idioten

DER MANN

Lieber etwas dümmer als ewig diskutieren

Die einen sagen dies, die anderen sagen das.

Wo soviel möglich ist, wird alles gleich unwichtig

Er aber weiß, daß die Menschen eine ganz andere

Stimme hören wollen. Eine Stimme, die ihnen gute und

einfache Befehle gibt

DIE FRAU

Aber doch nicht von diesem Pornoscheißundschwanz-

verdammtendreckschwein!

K

Wie kannst du ihm überhaupt noch unter die Augen

treten, wenn du so schlecht von ihm denkst?

DIE FRAU
Ich – ihm – unter die Augen?
Ich bin nicht geringer als er!
M
Nun wollen wir ihm dahin folgen, wo er uns seinen
Schutz gewährt

*Sie löst den Gürtel von ihrem Kleid, bindet ihn um den Flaschen-*
*hals, geht mit K zur Tür. Sie befestigen das eine Ende des*
*Gürtels am ›Ausgang‹-Leuchtkasten.*

DIE FRAU *hält den* MANN *zurück*
Liebster – sieh mich an! Ich bin es . . .
DER MANN
Ich muß da zu denen gehen
DIE FRAU
Willst du mich nicht mehr?
Niemand wird dich je so lieb haben wie ich
DER MANN
So nicht. Aber anders
DIE FRAU
Wie klein . . wie kalt du bist!
DER MANN
Soll ich mich größer machen als ich bin?
Herrisch sein als kleiner Mann,
das führt doch nie zum Glück.
Will mich unterwerfen wie ein Hirsch dem stärkeren,
nur das erlöst
DIE FRAU
Ich bin es doch, die dir ergeben ist
DER MANN
Nein, ich. Ich will der Ergebene sein

DIE FRAU

Nein, bitte, ich bin's. Ganz ergeben

DER MANN

Ganz ergeben muß ich sein. Ich brauch's, ich spür's als Drang

DIE FRAU

Ich hab ein Höchstes der Gefühle nur, wenn ich von ganzem Herzen mich unterwerfe

DER MANN

Ich auch

DIE FRAU

Tun wir's, tun wir's!

DER MANN

Wir?

DIE FRAU

Ich will geben, geben, nicht besitzen

DER MANN

Ich will geben, geben, nicht besitzen
Du siehst, zwischen uns fehlt es an nützlicher Ergänzung. Derselbe Drang von beiden Seiten blockiert die Partnerschaft

DIE FRAU

Fang du an, meinetwegen, gib und gib!
Ich halt mich erst zurück

DER MANN

Laß mich.
Ich muß mit denen gehen

DIE FRAU

Was kann denn dieser dumme Spuk bedeuten gegen ein Herz voll Vertrauen?

*Der* MANN *geht zum Notenständer, nimmt die Flöte, spielt ein Motiv aus der ›Zauberflöte‹. Zweiter Aufzug, 28. Auftritt, Langsamer Marsch. Gleichzeitig steht M mit der Piccoloflasche in der Hand wie bei einer Schiffstaufe vor der Tür.*

M
Wir taufen dich auf den Namen ›Ausgang‹
   K *flüstert*
Aber so heißt sie doch schon
   M
Ja. Aber von der anderen Seite
   K
Nein. Steht doch drüber
   M
Das gilt nur für die andere Seite
Wir taufen dich auf den Namen . . .
   K
Sesam öffne dich!
   M
Nein. ›Ausgang‹
   K
Aber so heißt sie doch schon
   M
Aber nicht auf dieser Seite
   K
Da steht's!
   M
Wir wollen doch raus. Von hier nach draußen
   K
Eben. Deshalb ›Sesam öffne dich‹
   M
Nein. ›Ausgang‹

*Sie schleudert die Piccoloflasche gegen die Tür. Die Tür öffnet sich langsam. K, M und der flötespielende* MANN *gehen hinaus. Ein starker Wind fegt Briefe, Päckchen, Blumen, Kleider hinein.*

DIE FRAU
Briefe! Briefe! Geburtstagsbriefe!
Päckchen! Blumen! Eine Pelzjacke . . .
Geschenke, Geschenke, Geschenke

*Ein weißer Vorhang fällt über der Szene*

# Zwischenakt

*Vor dem weißen Vorhang. Ein Pfad im Gebirge. Schnee und Sonne. Der* MANN *und die* FRAU, *beide um vieles älter, treten auf. Er im Wintermantel und mit Hut geht voran, sie in der Pelzjacke folgt in einigem Abstand.*

DIE FRAU
Darf ich Sie fotografieren?
Ich möchte so gern
    DER MANN
Wollen Sie's für die Zeitung?
    DIE FRAU
Ich? Nein. Sie gingen so lange vor mir her . . .
Ich sehe so schlecht, und es war gut, Sie vor mir zu haben
    DER MANN
So. Ist es deshalb
    DIE FRAU
Der Schnee blendet mich. Ich habe mich an Ihren dunklen Mantel gehalten
    DER MANN
Sie wissen nicht, wer ich bin?
    DIE FRAU
Sind Sie wer?

*Sie nimmt eine Taschenkamera aus der Jacke und fotografiert den* MANN. *Er zuckt die Schultern und geht langsam weiter.*

Kommen wir bald ins Dorf?
    DER MANN
Hier geht es nicht zum Dorf, meine Dame

DIE FRAU
Nein? Wohin denn?
DER MANN
Kommen Sie, kommen Sie

*Die* FRAU *kommt näher, hält wieder die Kamera vors Auge, der* MANN *dreht sich um . . .*

DIE FRAU
Du bist es . . .?
DER MANN
Jaja, ich
DIE FRAU
Aber – da bin ich stundenlang hinter einer Gestalt hergelaufen, und du warst es!
DER MANN
Jaja
DIE FRAU
Du lieber Himmel, verbringst du denn deine Urlaube immer noch in unserem Dorf?
DER MANN
Jaja. Es sind schon lange keine Urlaube mehr. Ich wohne unten im Dorf
DIE FRAU
Du wohnst dort? Für immer?
DER MANN
Für immer? Jaja. Kann sein
DIE FRAU
Du wohnst in unserem Dorf . . .
Ich war heut früh in der kleinen Kirche, in der wir sonntags manchmal gespielt haben, weißt du?
DER MANN
In der Kirche warst du? Ja, da hat sich nichts geändert

DIE FRAU
Wieviele Jahre ist das her,
wieviel Zeit ist vergangen!
DER MANN
Jeden Sommer kommt ein Kammerorchester aus Lu-
zern. Ich geh schon lange nicht mehr hin.
DIE FRAU
Siehst gut aus, Alter
DER MANN
Du auch
DIE FRAU
Wir waren beide vielleicht 'n bißchen runder, wie?
Damals als wir auseinander gingen
DER MANN
Auseinander? Wann?
DIE FRAU
So plötzlich, so gewaltsam war's zuende.
Ich weiß es noch wie heute. Es war nämlich mein
Geburtstag und ihr hattet alle drauf vergessen. Da gab's
auch diese beiden Mädchen noch, mit denen wir zu-
sammenhausten. Man hauste damals gern mit anderen
Leuten in derselben Wohnung. Die brachten diesen
lächerlichen Unbekannten mit, den Schweinepriester
und Verschwindibus, dem seid ihr hinterher, den habt
ihr doch frag nicht wie vergöttert!
Wie hieß er gleich?
DER MANN
Kalldewey sein Name
DIE FRAU
Und? Habt ihr ihn erwischt,
habt ihr den je gefunden?

DER MANN

Komm her. Ich will dir etwas zeigen.

Hier oben im Berg da gibt es eine Stelle, die ich oft besuche.

Ich denke: es ist 'ne Lücke in der Natur der Dinge – man hat dort eine ganz besondere Aussicht.

Stell dich neben mich . . . so, ein bißchen höher noch.

Nun sieh . . .

*Er öffnet einen Schlitz im weißen Vorhang*

Kannst du's erkennen?

DIE FRAU

Dort sind Menschen. Wer ist es?

Was sind das für Leute auf dieser hellen Fläche dort?

DER MANN

Nicht wahr, die Aussicht ist doch lohnend?

DIE FRAU

Da läuft eine – im beigen Kleid – die sieht ja aus wie ich! . . . Das bin ja ich!

Und du bist auch dabei! Du stolperst durch die Tür, du sitzt auf einem Stuhl, du holst dir Milch in deiner leider etwas langen Joppe, die ich mal aus Schottland mitbrachte,

und da kommen auch die Zwei, natürlich! Kattrin und Meret

Was machen wir denn da?

Ein Spuk! Ein Echo des Gesichts!

DER MANN

Da gab es einmal einen Rattenfänger,

dem sind wir hinterher.

Mit seiner Flöte zog er uns das Ungeziefer von der Seele und ertränkte es im Vergessensfluß. Doch dann glaubte

er sich um seinen gerechten Lohn betrogen und er
entführte uns, die kleine Schar, wie in Hameln einst die
Kinder, und schloß uns ein in diesen Berg. Dort auf
vorgeschobenem Fels, du siehst, über steiler Wand und
leerem Grund, hält einer uns gefangen und bleiben wir
erhalten, verflucht in eine ewige Komödie, verbannt ins
Grauen heftiger Belustigung. So überleben wir und
wiederholen uns und werden's wohl für alle Zeiten tun

DIE FRAU
Ich nicht. Ich bin hier nur
aufs Wochenende zu Besuch

DER MANN
Nur zu Besuch, soso.
*Sie sehen beide durch den Schlitz*
Und wie sie spielen!
Sie wiederholen und wiederholen sich.
Sie machen das Damals, sie lassen nicht nach. Und
wiederum von vorn und noch einmal das Ganze. Du
siehst: der Rest ist Theater. Der letzte unserer magi-
schen Versuche, die Angst uns auszutreiben

DIE FRAU
Ich weiß gar nicht: bin ich die oder die?
Lynn, die Hexe oder Lynn, das Goldstück?

DER MANN
Und ich: bin ich der oder der?
Hans, der Esel oder Hans, der Herzensbrecher?

DIE FRAU
Was sagst du da gerade?

DER MANN
Weiß nicht mehr, was ich damals sagte

DIE FRAU
Mir kommt es vor, als sei's gestern gewesen.

Was wir da sehen, Hans, ist fürchterlich.
Da zappelt jeder mit der Schlinge um den Hals –
wie sind wir da bloß lebend rausgekommen?

DER MANN

Sind wir das?

*Er sieht wieder durch den Schlitz*

DIE FRAU

Oh Fehler der Geschichte! Die Herzen sind hin.
Nichts geht mehr. Nur auseinander noch

*Sie weicht zurück*

Ist das alles wirklich geschehen?

DER MANN

Das ist – das Geschehen

DIE FRAU

Aber daß es so etwas wie uns überhaupt noch gibt!

DER MANN

Ha! alles gibt es noch, so ist das nicht.
Diese Zeit, die sammelt viele Zeiten ein;
da gibt's ein Riesensammelsurium,
unendlich groß ist das Archiv: Alles da,
und ist zuhanden. Viele brauchbare Stoffe
noch in den Beständen, im Fundus der Epochen.
Das Beste freilich können wir nicht
mehr halten in unseren Armen, nicht mehr
tragen in den Köpfen – aber verschwunden,
wirklich verschwunden ist in Wahrheit
nichts, kein Reich und keine noch so winzige Gebärde

*Er ruft durch den Vorhangschlitz*

Los, los, ihr Überlebenskünstler! Nehmt euch,
was ihr gebrauchen und erhalten könnt!

Schafft und schleppt euch ab, überliefert
was noch zu überliefern ist! Für wen?
Das fragt jetzt nicht. Worüber verfügt der Mensch?
Über viel, sehr viel Vergangenheit.
Die allein ist reich, und die bleibt immer
unerschöpflich. Und was da fällt und abgetan wird,
fangt alles auf, bewahrt es gut,
denn dies Finale muß noch lange halten

*zur* FRAU

Willst du hinein? Willst du das Spiel von nahem sehen?

*Die* FRAU *nickt, sie gehen nach rechts ab*

DIE FRAU
Stellt sich heraus: ich täuschte mich,
ich hatt 'ne Vision /
laß ich mich krankschreiben

*Dunkel*

# III

*Die Szene ist der Korridor zwischen dem Büro 32 (linke Seite) und dem Büro 33 (rechte Seite). In der Rückwand wieder das Fenster, in dem die* FRAU *liegt und auf die Straße (eines anderen Häuserblocks) sieht. Leise seichte Musik wie im Supermarkt. Zu Beginn der Szene geht der* MANN *mit dem Rücken zum Publikum von der Rampe in den Bühnenhintergrund. Er spricht über die rechte Schulter und gestikuliert, als stünde noch jemand in seinem Rücken.*

DER MANN
Wie du willst! Wie du willst!
Ich kann dich nicht – ich werde dich nicht zwingen.
Aber bitte: entscheide dich, entscheide dich bald!

*Er dreht sich um*

Weißt du, mir sind solange die Hände gebunden –

*Er sieht ins Publikum, erschrickt und verstummt.*

DIE FRAU
Es zieht!

DER MANN
Da bist du . . . Ich dachte –
Ja, ja, es zieht – ist alles offen dort!

*Die* FRAU *sieht ins Publikum, zuckt die Schultern, lehnt sich wieder ins Fenster. Der* MANN *geht zum Stuhl, der auf der*

76

*linken Seite, rechts neben der Tür 32 steht. Darunter seine*
*Aktentasche und sein Flötenkoffer. Er setzt sich. Die Tür öffnet*
*sich ein wenig. Der* MANN *steht, zur Ergebenheit bereit, vom*
*Stuhl auf. Die Tür schließt sich wieder, jedoch nicht ganz. Der*
MANN *zögert sich zu setzen, fährt auf halbem Weg erneut in die*
*Höhe, als die Tür wieder etwas weiter aufgeht und das Bein*
*eines Mannes erscheint, der gerade rückwärts aus dem Zimmer*
*treten will. Dieser Mann (›der Chef‹) unterhält sich mit* K *im*
*Büro 32. Während der Unterhaltung öffnet und schließt sich*
*mehrmals die Tür, der* MANN *auf dem Stuhl geht hoch und*
*runter, betrachtet erwartungsvoll die Klinke, gerät in immer*
*größere Abhängigkeit zu den Türbewegungen usw.*
*Unterdessen wird im Büro vom Chef etwa das Folgende geredet,*
*ohne daß es nach außen deutlich zu verstehen ist: »...auf der*
*Antiquitätenmesse, einen chinesischen Teppich gekauft, dunkel-*
*blau mit ganz dezentem Muster, 24 000 DM bei einem über 80*
*Jahre alten Chinesen, wollte in die Wohnung kommen zum*
*Probelegen – ach, Probelegen!, wenn der erst einmal da liegt, auf*
*dem beigen Parkett, Sie erinnern sich vielleicht, die Mahagoni-*
*stühle, apropos Mahagoni, ich hab jetzt hinten an der Wand vom*
*Schlafbereich, wo der Gobelin hängt, eine alte englische Truhe*
*aufgestellt, spottbillig, dreißigtausend, und dann bekomme ich*
*noch einen kleinen Biedermeiersekretär ins Vestibül . . .*
*wie? . . . Nein, das war nicht in der Wohnung, das war ja in der*
*Ferienmaisonnette. Ja, ja. Also, Sie kommen rein – der Küchen-*
*bereich, dann der Aufgang zum Schlafbereich mit Bad Bidet und*
*und und / dann unterm Küchenbereich der Wohnbereich, und*
*darunter, man höre und staune, unterm Wohnbereich: der Ka-*
*minbereich!« . . .*
*Mittlerweile ist auf der rechten Seite die Tür 33, die sich zur*
*Rampe hin öffnet, ebenfalls um einen Spalt aufgegangen. Es*
*erscheint der entblößte Arm von* M, *die zwischen den Fingern mit*

*einer Telefonschnur spielt. Die Hand wandert während des Telefonats, sich spreizend und sich ballend, auf der Türkante auf und ab. Dazu sind gezierte Ausrufe zu hören: »Nein wieso? . . . Aber woher denn? . . . Kann schon sein . . . Das müßte ich mir erst noch überlegen« usw. Zur gleichen Zeit spielt die* FRAU, *die im Fenster liegt, mit Hintern, Bein und zuklappendem Fensterflügel. Auch öffnet sich die Tür 32 wieder und heraus ragt das lange Bein von K. Der* MANN *auf seinem Stuhl weiß sich nicht zu entscheiden, welchem der drei Reize er sich überlassen soll. Schließlich holt er eine Banane aus der Aktentasche, sie fällt aus seinen hastigen Händen zu Boden. Er sagt: »Genau wie voriges Jahr« und nimmt ein Buch aus der Tasche, schlägt es auf. Die* FRAU *hat ihren Kopf gegen die Innenseite des linken Fensterflügels gelehnt. Sie betrachtet den* MANN. *Er blickt vom Buch auf und fragt: »Nun? Wirst du mit mir gehen?« Die* FRAU *schüttelt langsam und traurig den Kopf. Die Tür 33 wird aufgerissen und M läuft mit einer Computer-Tabelle über den Korridor. Sie sagt laut und im Vorübergehen zum* MANN: *»Na du blöder Hund du« und verschwindet im Büro 32. Der* MANN *springt auf und tritt voll Jähzorn hinter ihr her gegen die geschlossene Tür. Er rafft Flötenkoffer, Banane, Aktentasche, Buch an sich und entfernt sich ein paar Schritte von der Tür. Diese öffnet sich ein wenig und drinnen hört man K, die sich gegen den Chef ereifert: »Es kommt zu keiner ordentlichen Behandlung – Sie haben nur Ihre Reisen im Kopf – unentwegt reden Sie von Ihren Reisen – wir brauchen einen Therapeuten, der auch für uns da ist – es genügt nicht, daß Sie uns Patienten zu Ihren Mitarbeitern ernennen – Sie können sich nicht hinter Programmen und Medikamenten verstecken – nehmen Sie Leitverhalten an – wenn sich der Betrieb hier nicht bessert, werde ich Ihnen ein grelles Licht verschaffen, indem ich unseren kurzen Briefwechsel in die Zeitung werfe!« K kommt aus Büro 32,*

*wirft die Tür hinter sich zu. Sie hat einen größeren Schlüssel in*
*der Hand. Der* MANN *springt auf.*

DER MANN
Was hat er gesagt, was hat er gesagt?
K
›Was hat er gesagt, was hat er gesagt!‹
Nichts hat er gesagt
DER MANN
Aber irgendwas muß er doch gesagt haben
K
Was soll er denn groß sagen?
DER MANN
Hast du's ihm gesagt?
K
Klar hab ich's gesagt
DER MANN
Und? Was hat er gesagt?
K
Nichts hat er gesagt
DER MANN
Aber irgendwas muß er doch gesagt haben
K
Was soll der schon sagen

*Sie steckt den Schlüssel in ihre Rocktasche.* M *kommt aus 33.*
*Sie trägt einen Pullover, der mit bunten Pillenstreifen, Röhren,*
*Döschen etc. bestückt ist.* K *und* M *stehen im Vordergrund*
*einander gegenüber.*

K
Genierst du dich?
M *sieht ins Publikum*
Nein

K
Sieh mich an
Genierst dich also nicht?
　　M
Nein
　　K
Du siehst mir nicht gerade in die Augen
　　M
Doch
　　K
Na, wie lange?
　　M
Du . . .
　　K
Und?
　　M
Ist für mich kein Problem
Leute sind kein Problem für mich
　　K
Hast du nichts mit zu tun wie?
　　M
Nein, hab damit keine Probleme
Das ist nicht mein Problem, verstehst du?!
　　K
Wollt ich eigentlich gar nicht wissen du
　　M
Ich sag's ja nur
　　K
Kann dich jeder schnell am Pullover erkennen
　　M
Klar, soll doch jeder 'nen schnellen Pullover erkennen

K

Is nich dein Ernst wie?

M

Nein. Ich hatte einen Versprecher. Ich nehm was ein dagegen

K

Ich geb's auf, ich geb's auf . . .

K *geht zur* FRAU *ans Fenster,* M *zurück ins Büro 33*

DIE FRAU

Was hat er gesagt?

K

Er sagt, er hält's nicht mehr aus mit uns

DIE FRAU

Er sagt, er hält's nicht mehr aus mit uns?

Er sagt, er will nicht mehr mit uns arbeiten?

K

Er sagt, er fühlt sich überfordert. Kein Wunder!

Ein Therapeut, der unentwegt verreist!

Ein Therapeut, den man praktisch in seinem Büro ein-
sperren muß, damit er nicht sofort wieder auf eine Reise
entwischt. Ich habe ihm mit der Öffentlichkeit gedroht.

M *kommt aus 33*

Es ist etwas Entsetzliches passiert!

DIE FRAU

Nein! Nein! Nein!

Ich will's nicht hören.

Ich kann nicht, ich darf nicht!

M *zurück nach 33,* K *zum Fenster, die* FRAU *zum* MANN,
*schiebt sich neben ihn auf den Stuhl*

DIE FRAU
Küß mich halt mich lieb mich
DER MANN
Es wird zu eng, es wird zu eng . . .
DIE FRAU
Red nicht, küß mich, halt mich, lieb mich, halt mich
fest
DER MANN
Es wird zu eng, es wird zu eng . . .
DIE FRAU *steht auf*
Ich hab nicht gesagt, du sollst mir die Welt erklären.
Ich hab gesagt, du sollst mich halten! . . . Sitzt vor der
Tür seines Herrn und wichst wie'n Schimpanse

M *kommt aus 33*
Es gibt auf einmal keinen Teppichschaum mehr!
Hat einer von euch noch so'ne Dose Teppichschaum?
Es gibt also plötzlich überall keinen Teppichschaum
mehr zu kaufen. Aus und vorbei.

M *zurück nach 33. Die Tür 32 öffnet sich, eine Hand legt sich
auf die Schulter des* MANNES. *Die Stimme des* CHEFS *fragt:
»Nun Hans, warten Sie immer noch auf Ihre Chance?« Der*
MANN *richtet sich auf. Die Tür schließt sich wieder.* K *kommt
vom Fenster.*

DER MANN
Hast du das gesehen?!
Er hat mir die Hand auf die Schulter gelegt
K
Ach
DIE FRAU
Ja, er hat ihm die Hand auf die Schulter gelegt

DER MANN

Also es war – es war wie immer. Die Tür war zu –

M *kommt aus 33*

Hat jemand von euch vielleicht noch so'n Plexidings, so'n Pleximeter

*Sie stampft mit dem Fuß auf*

So'n Plexifieberthermometer. Es gibt plötzlich nirgendwo mehr diese Plexifieberdinger zu kaufen

DER MANN

Die Tür ging also auf: ziemlich plötzlich, ziemlich mächtig, ziemlich weit

DIE FRAU

Und er hat ihm die Hand auf die Schulter gelegt

K

Hast du auch gehört, was er gesagt hat?

Hat er nicht gesagt, daß er dir keine Chance mehr gibt?

DER MANN

Einer, der mir die Hand auf die Schulter legt!

M *zurück nach 33*

K

Du hängst so auf dem, daß du nicht mehr die Ohren aufsperrst. Der braucht dich bloß anfassen und schon schnappen dir die Kanäle zu.

DER MANN

Ich find eben, er hat's

K

Der hat's? Der hat's überhaupt nicht

DIE FRAU

Für ihn hat er's eben

K

Und für dich?

DIE FRAU

Hat's, ja. Nicht so stark wie für ihn, aber hat's

K

Aber wo hat der's denn?
Der kann doch nicht mal 'ne Brustwarze vom Leber-
fleck unterscheiden

DER MANN

Pssst!

*Alle drei hören gespannt in die Luft.*

Nein. War nichts.

M *kommt aus 33*

Hat hier jemand noch so'n Dings, so'n rundes Dings,
das man über diese Dinger tut, diese – wie heißen sie?
So'n rundes Dings, gibt's plötzlich nirgendwo mehr zu
kaufen

K *zeigt Kopf, Busen, Hintern*

Was meinst du? Meinst du das Dings oder die Dinger
oder das Dings, hm? Gibt's alles nicht mehr zu kaufen!
Hau ab! Geh in dein Büro, setz dich an deinen Computer, check deine Ups and Downs, mach deine Verhal-
tenskontrolle, füll deine Hormontabellen aus / und
keine Angst, wenn's plötzlich mal 'n gewaltigen
Schluckauf macht!

*In 33 klingelt das Telefon, M ab.*

K

Nur weil wir Kalldewey nicht gekriegt haben, haben
wir den da jetzt, haben wir diesen ehemaligen Wä-

scheausfahrer zu unserem Gruppenwart gemacht. Nur weil uns der Kalldewey durch die Lappen gegangen ist, hängen wir jetzt auf diesem straighten Beziehungsingenieur, der dauernd in die Ferien will, auf unsere Kosten, 'n Wäscheausfahrer, der sich zum Psychokraten raufgekurst hat

DIE FRAU

Du hast dich ja schließlich auch aus der untersten Pressebranche hochgestrampelt. Ist doch egal, woher einer kommt.

K

Nur weil wir den Kalldewey nicht gekriegt haben, hasten wir hier durchs Niemandsland zwischen zwei Büros der Therapie-Agentur, morgens Angestellte, abends Kunden oder andersrum. Du weißt ja nie: bist du jetzt gerade hier beschäftigt oder wirst du jetzt gerade hier behandelt?

M *telefoniert in der halboffenen Tür*

Nein, hören Sie, es betreut Sie Herr Brüdern. Aber der Chef kann doch nicht alles alleine machen. Herr Brüdern ist auch ein Chef. Sind alle Chefs auf ihrem Gebiet. B wie Brüdern, r wie Brrrüdern, ü wie Brüüüüüdern . . .

K

Verzottelt, zerfetzt, verhastet, so seh ich euch und mich – verschmierte Gesichter, gedunsene Schläfen – und hab ein Basisfeeling von Ertrunkensein. Ihr wißt so gut wie ich, daß hier nichts mehr abzuholen ist. Wen die Seele einmal verschluckt hat, den gibt sie nie wieder frei

DIE FRAU

Du bist so verdammt negativ, so rücksichtslos – so wahnsinnig rücksichtslos

DER MANN
Darauf gibt's nach unseren Regeln nur die eine Antwort:
du bleibst allein auf nackter Bühne.
Sieh zu, wie du zurechtkommst

*Sie gehen beide nach 33 ab.*

K
Ja, zischt ab. Verschwindet, ihr Krabbelwasserblasen.
Kommt mir sehr gelegen.

*Sie holt den Schlüssel hervor und schließt die Tür 32 ab.*

K *schwätzt ins Publikum*
Meine Nichte ja, für die ich also das größte Idol aller
Zeiten bin / aber ein wahres Ding – heute dies, morgen
das. Alles Spitze, große Klasse. Ich sag: nun bleib doch
mal 'nen Abend zuhaus – »Nö« – Guck mal in 'n gutes
Buch – »Oahh«. Kann keine Minute still auf ihrem
Hintern sitzen. Na ja, woher soll sie's haben

*Die Türklinke von 32 bewegt sich. Der Chef ruft von innen:*
*»Macht auf! Ich muß raus! Tür auf! Ich hab meinen Auftritt!«*

K
Ja, haben Sie? Na laß mal. Ich mach das schon . . .
*zum Publikum*

Und Jeff ist der Junge, der sich umgebracht hat und
Bettsie,
also meine Nichte ja, war seine Freundin.
Sie hatte 'ne Platte von ihm geliehen

*Die Stimme aus 32: »Aufmachen! Ich bin dran! Ich hab meinen Auftritt!«*

K *geht zur Tür*
Hören Sie: ich glaub fast, es genügt, wenn ich draußen steh. Ich glaub fast, ich krieg das ganz gut alleine hin

*Die Stimme: »Öffnen Sie! Meret braucht meinen Auftritt! Ich muß raus!«*

K
Jaja, ich bring das schon. Bin ganz froh, wenn ich mal 'n bißchen Freiraum um mich habe. Ganz allein auf'm großen Korridor . . .

*zum Publikum*

Bettsie hatte also eine Platte von ihm geborgt und brachte es einfach nicht übers Herz, ihm die zurückzugeben, weil sie nämlich 'nen bösen Kratzer drauf gemacht hatte. Auf der Beerdigung ja, hat sie die Platte zerbrochen, hat sie ihm ins Grab geworfen. Das finde ich irgendwie gut. Unheimlich sentimental, aber –

M *erscheint in der Tür 33*
Aber?
K
Aber gut.

K *setzt sich auf den Stuhl vor die Tür 32.*

Sind Sie's, Tom?

*Die Klinke bewegt sich*

Oh ja fein. Ich bin's: Jerry!
M *tritt auf, macht verlegen »Äh« und geht wieder ab.*

K
Sind Sie's, Clyde?
Oh ja fein. Ich bin's: Bonnie!

M *mit demselben Spiel*
   K
Sind Sie's, Bert?
Oh ja fein. Ich bin's: Ernie!

M *mit demselben Spiel*
   K
Sind Sie's, Doktor Jekyll?
Oh ja fein. Ich bin's . . . äh
*Der* MANN *und die* FRAU *kommen aus 33*
   DER MANN
Ich halt's nicht länger aus mit dieser Visage in ein und
demselben Zimmer
   DIE FRAU
Mit wem?
   DER MANN
Computer
   DIE FRAU
Du hast aber auch an jedem etwas auszusetzen
   DER MANN
Ja
   DIE FRAU
Sieh, die sitzt auf deinem Stuhl!
   DER MANN
Meinetwegen
   DIE FRAU
Aber sie sitzt *vor* der Tür / und die Klinke?
   DER MANN
Die Klinke winkt.

Ah, die Tür ist verschlossen. Der Chef will raus.
Wer hat ihn eingesperrt?
DIE FRAU
Kattrin natürlich. Sie hat den Schlüssel geklaut.
DER MANN
Wie kommt man bei ihr an den Schlüssel ran?
Indem man sie schlägt
oder indem man sich etwas ausdenkt.
Nein, liegt mir beides nicht.

*Er will zurück nach 33*

DIE FRAU
Bleib hier. Du machst das jetzt. Tu was für den Chef.
Bitter nötig hast du's.
DER MANN
Was soll ich denn tun, was denn?
DIE FRAU
Frag sie, wo der Schlüssel ist
DER MANN *schlendert zu* K, *gelangweilt*
Wo ist der Schlüssel?
K
Was für'n Schlüssel?
DER MANN
Der Schlüssel zur Tür vom Chef
K
Kenn keinen Schlüssel zur Tür vom Chef
DER MANN *zurück zur* FRAU
Sie hat ihn nicht
DIE FRAU
Sie hat ihn
DER MANN
Sie kennt ihn nicht einmal. Kennt ihn gar nicht

DIE FRAU

Geh hin, und her mit dem Schlüssel!

DER MANN *geht zu* K

Her mit dem Schlüssel

K

Schwer hängt der Rüssel?

DER MANN *zurück zur* FRAU

Sie wird obszön

DIE FRAU

Frag sie, ob sie Prügel will

DER MANN *geht zu* K

Willst du Prügel?

K *springt auf*

Paß auf! Ich weiß was Besseres.
Zeit für die Fernsehentsorgung!

DER MANN

Jetzt schon?

K

Wir sind schon zehn Minuten drüber

DIE FRAU

Get free from TV, dreimal am Tag. Wir reagieren ja
viel mehr ab als wir uns reinstrahlen!

K

Tut mir leid. Ist nicht mein Fahrplan.
Los, los, auf die Plätze!


*Die* FRAU *ab nach 33.* K *holt den Schlüssel aus der Rocktasche
und benutzt ihn als Mikrofon.*


K

Einen recht schönen guten Abend, meine Damen,
meine Herren, und ein herzliches Willkommen zur 357.

Folge unserer Risikosendung ›Der Abend mit dem Erzfeind‹. Ich darf gleich unseren ersten Kandidaten bitten
sich vorzustellen.

DER MANN
Ich heiße Gerhard Fingerkucht und komme aus Rum-
beck an der Weser. Ich bin 53 Jahre alt und von Beruf
Lagermeister.

K
Und ein bißchen nervös wie?

DER MANN
Och

K
Haben Sie schon mal auf 'ner Bühne gestanden, Gerhard, so im gleißenden Scheinwerferlicht, hm?

DER MANN
Nuja

K
Was heißt ›Nuja‹?

DER MANN *beugt sich zum Schlüssel / Mikro*
Jeder Mensch ist kreativ. Ich bin gegen das Fernsehn,
will ma sagen, weil das Fernsehn macht den Menschen
passiv und rammdösig

K
Aber Sie sind doch hierhergekommen, um bei uns mit-
zuspielen, Gerhard. Sie wollen sich doch nicht mitten
im Fernsehen über das Fernsehen beklagen wie? Also
meine erste Frage an Sie lautet: Sind Sie tolerant gegenüber Andersdenkenden?

DER MANN
Kommt ganz drauf an

K
Nun, das ist eine salomonische Antwort. Ein Mann

kennt seine Schwächen. Und jetzt wollen Sie bestimmt
Ihren Gegenkandidaten kennenlernen – den Menschen, der Sie zu seinem Erzfeind erklärt hat, nicht
wahr?

DER MANN
Alles klar

K

Dann wollen wir jetzt die liebe Perpetua bitten, uns den
kleinen Steckbrief zu bringen . . . Ah, da kommt sie
schon. Sieht sie nicht hinreißend aus?
Guten Abend, Perpetua

M *kommt mit einem Silbertablett, auf dem eine Glaskaraffe mit
engem Hals steht. Darin der Brief.* M *strahlt breit.*

K

Du wirst von Sendung zu Sendung bezaubernder, Perpetua. Wie machst du das bloß?

M *übergibt das Tablett, spricht mit den Fingern in Taub-
stummensprache.* K *nimmt die Karaffe, gibt das Tablett zurück.*

K

Sie sagt, sie benutzt täglich ein frisches – nein, ich darf's
nicht aussprechen, sonst wär's Werbung. Die hat's gut,
die kann Reklame machen am laufenden Band

M *zurück nach 33*

Ach was ist das für ein herrliches Mädchen! Ich darf gar
nicht länger hinsehen . . . So. Da haben wir den kleinen
Steckbrief, den Ihr Gegenkandidat über Sie verfaßt
hat. Vielleicht holen Sie ihn selber raus.

*Der* MANN *versucht den Brief zu erwischen.*

Ja, das ist alles sehr kostbar bei uns. Jugendstilkristall, reiner Jugendstil. Geht's nicht? Geben Sie her. Ich habe vielleicht doch etwas schmalere Finger als so ein Lagermeister wie? Halten Sie das Mikro . . . Das ist wirklich nicht so ohne, das hier . . .

M *kommt mit dem Tablett, stellt sich neben* K *und strahlt ins Publikum. Während* K *mit der Karaffe hantiert, begibt sich der* MANN *mit dem Schlüssel zur Tür 32, schließt auf und kommt wieder nach vorn*

K *zu* M, *dann für sich*

Wie soll ich denn an diesen Wisch rankommen?
Ach hau ab, du verstehst ja sowieso nix. Was habt ihr euch denn dabei gedacht, verdammter Dreck . . .

*Sie nimmt vom* MANN *das Mikro.*

Regie! Wir haben hier unten ein kleines Problem – die Sache mit dem Steckbrief, an sich 'n hübscher Gag . . .

*Eine Stimme über Lautsprecher: »Bitte überspringen Sie, Henny.«*

Über – springen. Tja, springen, wohin? . . . Diese Livesendungen haben es in sich, ich schwör's Ihnen

*Setzt* M *die Karaffe aufs Tablett, knufft sie in die Seite.*

Verschwinde!
M *ab*


Sagen Sie, Gerhard, Sie haben doch bestimmt ein Hobby. Was für'n Hobby haben Sie eigentlich? Was machen Sie so, wenn Sie abends aus dem Lager kommen?

DER MANN

Och. Nix Besonderes. Ich spiel vielleicht mit den Tieren.

K

Was für Tiere halten Sie?

DER MANN

Ich hab nur Hamster, kleine Biester

K

Ach wie niedlich. Und was spielt man mit denen so?

DER MANN

Nuja. Ich schieß sie ab mit Papierbolzen und 'ner Gummischleuder

K

Sie schießen – aber ist das nicht Tierquälerei?

DER MANN

Will ma sagen, nich so dolle. Passiert denen ja nix.
Aber spürn tun sie's.

K

Wissen Sie, Gerhard, es sehen uns jetzt 'n paar Millionen Menschen zu und die haben vielleicht auch so'n kleinen niedlichen Hamster zuhaus, was glauben Sie, wie denen jetzt zumute ist?

DER MANN

'n paar Millionen Hamster? Och, das möcht ich nu nich glauben. Das wär'n Rudel von Rumbeck bis Heßlingen

M *kommt mit dem Tablett, auf dem ein Zettel liegt*

K

Perpetua – dich schickt der Himmel. Was gibt's Neues?

*Sie liest den Zettel*

Gut, gut. Heute also mal ohne den bunten Steckbrief.
Was glauben Sie wohl, was hier auf meinem klugen
Zettel steht? Haben Sie denn irgendeinen Verdacht,
wer Sie zum Erzfeind gewählt haben könnte?

DER MANN
Bin an und für sich ein friedliebender Mensch

K
Keine kesse Ahnung?
Dann lassen Sie sich jetzt überraschen, Gerhard.
Treten Sie hier in den Stand-Punkt. So. Der Augen-
blick der Wahrheit – der Gegenkandidat der 357.
Folge, der Erzfeind von Gerhard Fingerkucht, darf ich
bitten . . . Frau Marianne Fingerkucht! Und da ist sie!

*Die* FRAU *kommt aus 33*

Perpetua, sag's noch einmal ganz deutlich für unsere
lieben Hörgeschädigten . . . Guten Abend!

DIE FRAU
Guten Abend, Henny von Telbach. Ich bin Marianne
Fingerkucht und arbeite als Lehrerin für Atemgymna-
stik an der Volkshochschule in Hameln

K *zum* MANN
Was empfinden Sie? Was geht in Ihnen vor?

DER MANN
Och. Will ma sagen, ich war mehr auf'n männlichen
Partner eingestellt

K
Aber es ist Ihre Frau

DER MANN
Ja, ist sie

**K**

Frau Fingerkucht, ganz kurz, wie würden Sie mit drei Worten das Hauptproblem in der Beziehung zu Ihrem Mann beschreiben?

**DIE FRAU**

Also ich glaube, das Hauptproblem in der Beziehung zu meinem Mann ist ein Problem, das viele tausend Frauen kennen. Es ist ein Problem, das immer dann auftaucht, wenn eine Frau sich in einer Position, ich möchte sagen: der geistigen Überlegenheit zu ihrem Mann befindet

**K**

Wenn ich Sie richtig verstehe, fühlen Sie sich Ihrem Mann geistig überlegen

**DIE FRAU**

Ich muß fast sagen: leider, ja.

**K** *zum* **MANN**

Empfinden Sie das auch so?

**DER MANN**

Ich lach mir'n Ast

**K** *zur* **FRAU**

Streiten Sie sich häufig, Marianne?

**DIE FRAU**

Nein, Henny. Ich habe eine sehr lange Zeit geschwiegen. Für meinen Mann muß der heutige Abend völlig überraschend kommen. Aber ich habe mich entschlossen, bei der Sendung mitzumachen, denn ich weiß, daß viele tausend Frauen dasselbe Problem haben wie ich –

*Die Tür 32 geht auf, der* CHEF *ruft und klatscht in die Hände: »Schluß, Herrschaften, Schluß! Genug für heute!« Alle drei laufen zur Tür.*

K
Noch fünf Minuten, bitte!
DIE FRAU
Nur noch fünf Minuten, bitte, bitte!

*Der CHEF: »Wir sind schon weit über die Zeit. Morgen ist
auch noch ein Tag. Haben Sie die Tür aufgeschlossen, Hans?«
Der MANN nimmt K den Schlüssel aus der Hand, reicht ihn
dem CHEF.: »Ja, Herr.« Der CHEF: »Dann kommen Sie noch
einen Moment zu mir rein, Hans!« Der MANN: »Oh ja . . . er
nimmt mich noch dran, er nimmt mich noch dran!« Er greift seine
Tasche und seinen Flötenkoffer, verschwindet in 32.*

K
Jetzt hat er uns den Mann weggeschnappt
DIE FRAU
Scheißdreck

*M kommt aus 33 mit dem Tablett. Darauf ein Kopfabguß in
fleckige Tücher gewickelt. Sie stellt sich in den Vordergrund,
strahlt ins Publikum.*

DIE FRAU
Hör auf, du blöde Kuh.
Hans ist beim Chef
K
Schnell, schnell! Weiter, weiter!
Spielen, spielen!

*M riecht an den Tüchern.*

K
Riech doch nicht dauernd daran
M
Riecht so gut

K
Ja, ist die Gummimilch. Schnüffle nicht dran!

*Sie wickelt aus den verklebten Tüchern den Kopfabguß des*
*Mannes.*

K
Schnell, schnell, rufen die Götter
Die woll'n uns Beine machen

*Sie setzt den Kopf auf ihre Hand.*

M
Sind hinter uns her wie die
Reichen hinter dem Geld
DIE FRAU
Jagen uns wie die Hinkel über den Hinkelhof
K *zur* FRAU
Los, du bist dran!
DIE FRAU
Herrliche Stadt!
K *als der Kopf*
Hm
DIE FRAU *stärker*
Was für eine herrliche Stadt!
K
Tu doch nicht so. Warst ja schon oft genug hier
DIE FRAU *trotzig*
Mein Gott, was ist das für eine herrliche Stadt!
K
Ich versteh nicht, warum du dich immer so hineinstei-
gern mußt. Das geht einem dermaßen auf die Nerven
DIE FRAU
Liebling, ich muß mal verschwinden

K

Hm

DIE FRAU

Was soll das heißen ›Hm‹?

K

Das dritte Mal in der letzten halben Stunde.
Es ist eine Sucht. Die pure Sucht. Wie die Hunde.

*Als* K

Und jetzt acht auf seine Augen! Da! Mit diesem ›Ich
kann sie nicht mehr sehn!‹ im Blick, mit diesem bitter-
kalten Augenschein, mit dieser tödlichen Verachtung –

DIE FRAU

Ich kann mich nicht entscheiden: Geh ich ab?
Bleib ich da? Sag ich was / sag ich nix? Ich will weg, weg
und bleiben, bleiben

K

Sieh auf die Speisekarte und wähle endlich ein Gericht

DIE FRAU

Auf der Speisekarte: nehm ich Rumpsteak vom Grill
oder Rinderzunge in Madeirasoße, ich kann mich nicht
entscheiden

K

Die Preise!

DIE FRAU

Darauf kommt's nicht an. Das Teure ist oft schlecht, das
Billige sehr gut. Ich kann mich nicht entscheiden. Im
Supermarkt: kauf ich Tannen- oder kauf ich Fichten-
honig? Kaffee herzhaft oder nervig spitz? Das Wasch-
pulver blütenrein oder strahlendweiß, die Funkillu-
strierte dienstags oder samstags neu?

K
Vielleicht weißt du noch, was besser schmeckt, was besser wäscht, was besser sich liest?

DIE FRAU
Ich kann mich nicht entscheiden.
Ich weiß nicht mehr, was besser schmeckt.
Ich hab beides auf der Zunge, aber ich kann mich nicht entscheiden

K
Aber du hast doch ein Gefühl dafür,
was wehtut oder wohltut. Magst du Regen
lieber oder Sonnenschein? Ankunft oder Abschied,
Krankheit oder Gesundheit?

DIE FRAU
Was wehtut, kann sehr nützlich sein.
Was wohltut, ist oft schädlich.
Ich kann mich nicht entscheiden.
Der Regen erfrischt, die Sonne belebt.
Abschied erlöst, Ankunft erheitert.
Krankheit macht feinfühlig, Gesundheit macht froh.
Alles ist gut, man muß sich entscheiden

K
Ja dann: Krieg oder Frieden?

*Der MANN kommt aus 32. Mit seinem Auftritt fliegt die Tür 33, wie durch eine Druckwelle, ebenfalls auf.*

DER MANN
Bräunungscenter und Karatestudio,
Videothek und Lügendetektor im Telefon,
und für jeden Häuserblock 'nen Freizeit-Animateur:
wozu überhaupt? Ölreserven noch für über hundert
Jahre, Ölschiefer und Teersande einberechnet, wozu

überhaupt? Mehr Demokratie? Welche Demokratie?
Ein paar Banken verstaatlichen, den gutmütigen Sozia-
lismus einführen, wozu überhaupt? Wie soll sie ausse-
hen, die Weisheit dieser Zeit, ich bitte sehr? – Eine
Weisheit fragt nicht nach der Zeit – Gut, gut. Doch soll
der Mensch nun zur Besinnung kommen, so muß er was
im Sinne haben. – Vernünftig ward noch keiner nur
durch eigenen Beschluß. Zur Besinnung kommt er
nicht, indem er sich besinnt. – Orakeleien! Die Intellek-
tuellen sitzen vor ihren brodelnden Bottichen, sie brabbeln, brabbeln, brabbeln. Gewitzte Köpfe, allesamt
bloß gewitzigt! Es fehlt der geistige Führer im Land!
Keiner hilft! Keiner hilft einem! Ich bin nicht klug
genug, allein kann ich's nicht fassen.
Wo ich es grad begreife, fällt mir
die Weisheit schon entzwei

DIE FRAU

. . . brauchst du doch nicht

K

. . . verlangt ja keiner

M

. . . laß doch

DIE FRAU

Was ist denn passiert?

DER MANN

Die einen schwärmen, die anderen greinen
wollte, daß sie verschwänden, alle, mit Himmelssause!
Und hinterdrein die linken Pfaffen, die ihren
verdammten Römerbrief nur noch mit Hilfe
von Trotzkisten auslegen können!
Nein! Nein! Dann lieber blind – blind
und die Fülle in der Dummheit erfahren

DIE FRAU
Was hat der Chef denn angestellt mit dir?
DER MANN
Ich bin da, um auszuhalten
Ich halte aus – ich bin
M
Was hat er gesagt, was hat er gesagt?
DER MANN
Gesagt, gesagt – was soll der schon sagen?
K
Aha. Na bitte!

*Sie sieht ins Büro 32*

M
Wo ist er?
K
Nachhaus. Feierabend. Bleibt keine Sekunde länger
DER MANN
Pssst!

*Alle hören in die Höhe*

K
Nein. War nichts.

*Die* FRAU *legt dem* MANN *die Hand auf den Nacken.*

DER MANN
Ach laß mich. Mich kann inzwischen so ziemlich alles
aus der Fassung bringen. Les ich in der Zeitung von
Bakterien, genmanipuliert, da schmeißt es mich vom
Sessel vor Empörung! Aber schon der kleinere Bericht/
Einführung neuer Ampelschaltung mit verlängerter
Gelbphase/er kann mich rasend machen. Alles falsch!

Falsch, grundfalsch, total daneben! An der Sache quer vorbei! So geht es nicht, so nicht! Ich weiß genau, was hier und jetzt das Richtige wär, weiß es haargenau, und kann es doch nicht sagen.

Ich hab den Sinn, den alle suchen, den einzig richtigen, hier vorne auf der Zunge, und bring ihn nicht heraus.

K

Das ist negativ, seht ihr, das ist nun wirklich negativ

*Sie geht mit dem Tablett nach 33*

M

Voll negativ, total. Aber so oben drüber ja

DIE FRAU

Glaubst du, der Chef hat was Neues an ihm ausprobiert?

M

Wahrscheinlich hat er ihm bloß 'n doppelten H-Fünfer reingeschmissen.

DIE FRAU

Aber so negativ, so wahnsinnig negativ

M

'n doppelter H-Fünfer, das geht hoch wie'n Sektkorken. Du hast'n reinen Anti, aber ganz von oben, ganz von oben. Anti mit Fernblick. Und runter geht's wie ein Fallschirmspringer, wenn er merkt, daß er nur 'nen leeren Rucksack auf dem Buckel hat.

Puh, mich friert. *Sie nimmt eine Tablette.*

DIE FRAU

Warum kann ich nicht aufstehn, aufstehn und glücklich sein und diesen Menschen, dem ich so gehöre, froh empfangen?

DER MANN
Schwierig, dich nicht zu durchschauen.
Schwierig, dich nicht bis auf das Skelett deines Wesens
zu durchschauen. Ich seh das Üble, wie's immer knö-
cherner hervortritt –

*K kommt aus 33. Sie hat einen langen Mantel übergehängt, auf
dem einige Küchengeräte befestigt sind: Pfanne, Kocher, Brett,
Bestecke usw. hängen an Schnüren, Schlaufen, Kettchen herunter. Mehl, Salz, Zucker in kleinen Taschen. In Gummibälgen
Wasser und Milch. Im Inneren des runden Huts eine Schüssel.*

DIE FRAU
Das Küchenmonster? Ist das denn heute dran?
K
Ich bin die Eremitin aus der verkehrsberuhigten Fuß-
gängerzone
M
Haushaltsschreck und Pillenpulli sind dran.
Ihr kommt und müßt die Fragen stellen.

*K und M setzen sich Rücken an Rücken auf den Boden.
K beginnt zu kochen.*


DIE FRAU
Hans, komm her!
Ich frag, du lachst.

*Sie geht zu K und M*

DER MANN
Flüchtig, flüchtig, alles flüchtig –
DIE FRAU
Los, spielen, spielen! Will nichts mehr hören!

## Der Mann

Revuen, Revivals, Repa-
raturen – alles noch ein-
mal, nur ein bißchen
schneller, bitte sehr, molto
presto, prestissimo!
Und jetzt die Stretta,
quasi una cataracta! Fas-
sen Sie's bitte noch einmal
zusammen! Die Namen,
die Namen, die Namen –
vom Urknall zu den
Quarks, von der Ilias zu
den Herbiziden, vom
Steinwurf zur Neutronen-
bombe. Naturbewälti-
gung – Menschenbewälti-
gung, solange bis keiner
mehr da ist! Da rennt er
schon, da rennt er fort, der
Mensch, der Hinkefuß in
Siebenmeilenstiefeln! Haltet ihn! Haltet den Dieb,
haltet den Dieb!

## Die Frau

Sag Kattrin, was ist das
für ein bildhübsches Be-
steck? Ist es nicht reines
Art Deco?

K

Reines Art Deco, na klar.
Oder?

M

Ach was

Frau

Ich nehm doch an, das ist
ein reines Art Deco-Be-
steck

M

Ja, das kann sein

Frau

Ihr müßt es wissen. Euch
gehört das Besteck

K *betrachtet das Besteck*

Reines Art Deco

M

Ach was

Frau

Ich glaube, ihr wißt es nicht

M

Ja, das kann sein

K

Sie weiß es nicht

M

Ein Art Deco-Besteck weiß
ich wohl noch. Besser als du

DIE FRAU
Ihr wißt es nicht und
ich bin mir nicht ganz sicher
    K
Ich war mir immer vollkommen sicher
Sie ist so furchtbar unsicher. Ich nehm
es ihr nicht übel, aber es steckt an mit den Jahren
    M
Ich bin mir vollkommen sicher und du *warst* dir
vollkommen sicher. Das ist der Unterschied
    DIE FRAU
Wessen bist du dir sicher, Meret?
    M
Wie ein Art Deco aussieht, weiß ich wohl noch
    DIE FRAU
Ist das eins?
    M
Ja, das kann sein
    DIE FRAU
Ich war mir sicher auf den ersten Blick, aber inzwi-
schen –
    K
Ihre Unsicherheit in diesen Dingen ist, wie gesagt, an-
steckend
    M
Er lacht nicht!
    K
Du lachst nicht, Zeitgeist, nein?
Du trauriger Futuridiot, du Medientrottel.
Sich richtig hinstellen, denkst du, Schnellphilosoph,
immer wissen, wo's lang geht und baff!, schon fällst du
wieder auf die Schnauze. Deinem kläglichen Nein-

danke werden wir ein schallendes Ja-woll entgegenset-
zen.
Jawoll zum Überfluß, zum Überschwang
Jawoll zu den reichen und den fetten Festen
Schluß mit dem tragischen Alltag!
    M
Schloß Schluß! Schloß Schluß!

*Der* MANN *ab nach 32*
    K
Wir sind ohnehin verloren, doch unsere Finger
haben noch die Kraft zu vergeuden und zu feiern,
zu protzen und zu spritzen
    M *kriecht auf Knien und Händen um die eigene Achse*
Huh, klebrig, klebrig ... alles klebrig machen diese
Finger! Hat schnell noch alles klebrig gemacht, die Alte,
kurz bevor sie abkratzt. In der Wohnung überall her-
umgefingert, alles angefaßt mit Marmeladenfingern,
angepatscht, kurz bevor sie abkratzt, die Alte Hexe, will
am Leben kleben bleiben ...
    K
Ha! Eher platzt du vor idiotischem Gelächter,
als daß die Maße alle voll gemacht /
die letzten unserer glitzernden Kotsäulen errichtet sind

*Der* MANN *kommt aus 32, bis zur Hüfte in ein Bundespostpaket
verpackt. Er setzt sich auf den Stuhl, schlägt die Beine überein-
ander.*

    DIE FRAU
Nicht ... Nicht!

*Sie läuft zum* MANN

Küß mich halt mich lieb mich
Wo ist mein Freund, wo ist er?
Küß mich halt mich lieb mich
Nichts gesagt zu haben, bevor man geht,
bevor es aus ist, noch ein Wörtchen /
noch ein kleines Wörtchen, bevor man geht / kam nicht

*Sie geht vor sich hin*

Sind alle zu, sind alle weg,
mit denen ich bloß spielen wollte
Haushaltsschreck Pillenpulli Zwangspaket
Und ich? Mit meinen Händen,
mit meinen splitterfasernackten Händen?
Hab denn nur ich kein Kleid?
Hab ich als einzige keine Kappe
hierunten auf dem Hinkelhof?

*Sie geht zu* K *und* M, *spielt*

Kalldewey: »Wo kann man denn hier mal
'nen trocknes Brötchen in 'n lauwarmen Muckefuck
stippen?«
   M
Schnauze! Schnauze!
*Sie steht auf, lehnt sich an die Wand; leise*

Kalledewey . . .
Zeigt er uns Fotos von Hitler wie Pornobilder
heimlich tut er und auf Einverständnis schielt er
»War das nicht 'n Kerl, war das nicht 'n Kerl?«
   K
Abgerissener Typ mit dreckigen Wattebäuschen

in den Ohren. Kommt er mit schiefem Grinsen
und macht er uns Einflüsterungen gegen die
Ausländer, flüstert's wie dreckige Witze
  M *schreit*
Der hat im Park 'nen Schwan mit der Schaufel geköpft!
'nen Schwan! 'nen stolzen schönen großen Schwan –
geköpft!
  DIE FRAU
Sag Kattrin, was ist das für ein bildhübsches Besteck?
Weiter, spielen, spielen, um Himmels willen, weiter-
spielen!
  M
Gibt doch keinen korrekten Beweis,
daß ich wirklich da bin. Gibt doch real
keinen einzigen Beweis, daß ich wirklich existier
  K
Na komm. Na komm. Dasitzen und kochen ist zum
Beispiel Existenz
  M
Ach?!
  K
Dasitzen und an alte Zeiten denken ist zum Beispiel
Existenz
  M *geht zu* K
Alte Zeiten, alte Zeiten. Wann soll'n die gewesen sein?
Wenn ich mich durch mein Schlaraffenland
hindurchgefressen hab und
wenn du dich durch dein Schlaraffenland
hindurchgefressen hast, dann –
  K
Dann?

**M**
Dann stehn wir plötzlich wieder vis-à-vis

*Sie schluckt Tabletten*

DIE FRAU
Na, was gibt's heut Leckres in der Hexenküche?
Crêpes mit Echsenschwänzen? . . .

DER MANN *steht auf*
Pssst!

*Alle horchen in die Luft. Es erklingt das ›Zauberflöten‹-Motiv.
Der MANN, K und M befreien sich von ihren Verkleidungen,
halten sie aber im Arm. Alle Personen scheinen sich von ihren
Rollen zu lösen, die Körper entspannen sich. Berührungen, leise
Unterhaltung. Lachen. Nach einer Weile . . .*

DER MANN
Es war dies nur ein Spiel mit tieferen Spielen
Nicht wirkliche Magie: nach Katalog bestellte Therapie
Ein Wühlen in der Krabbelkiste namens Seele
Restposten, alte Wünsche grün und blau
Spottbillig der Krempel, man wühlt sich
Durch Gelegenheiten, halb gierig, halb interesselos
Und bringt bestimmt was Überflüssiges nach Haus.
Dennoch hab ich viel dazugewonnen.
Die Kur war schlimm, die Regeln wirr
Doch hätt ich niemals bessere Partner finden können
Als ihr es wart, ihr drei, ihr wart fantastisch
Ich dank euch vielmals, große Könner!

**K**
Nun lassen wir noch etwas liegen hier,
nur zur Erinnerung – für Kalldewey

K *legt ihren Mantel auf den Boden,* M *ihren Pullover, der*
MANN *das Postpaket.*

M
Für Kalldewey!
DIE FRAU
Hab leider nix. Ich kann nichts geben
M *zum* MANN
Du wirst mir fehlen
Paß auf dich auf
K *zur* FRAU
Ich hoffe, man trifft sich mal wieder
DIE FRAU
Vergiß nicht, mir das Artischockenrezept zu schicken
DER MANN *zu* K
Ich hab dich sehr liebgewonnen
K
Mach's gut, Alter. War schön mit dir
M *zur* FRAU
Ich habe viel gelernt von dir
Ich bewundere dich

K *und* M *einander gegenüber*

M
Und nun zu uns
K
Es ist soweit. Schluß ist
M
Ich bin immer da, wenn du mich brauchst
K
Na gut, na gut. Die Zeit heilt alle Wunden
M
Und was machst du am Abend?

K
Tja
M
Leb wohl
K
Leb wohl

K *geht durch die linke Tür ab,* M *durch die rechte.*

DER MANN
Das war's, was ich dir noch sagen wollte
DIE FRAU
Ich werde nichts vergessen, mein Herz
DER MANN
Man fürchtet sich vor dem, der das letzte Wort behält
DIE FRAU
Ich will es nicht sein
DER MANN
Ich auch nicht

*Pause*

DIE FRAU
Ich danke dir
DER MANN
Ich liebe dich

*Dunkel*

Variante zum Schlußteil S. 103 bis 110

DER MANN
Ach laß mich. Mich kann inzwischen so ziemlich alles
aus der Fassung bringen. Les ich in der Zeitung von
Bakterien, genmanipuliert, da schmeißt es mich vom
Sessel vor Empörung! Aber schon der kleinere Bericht /
Einführung neuer Ampelschaltung mit verlängerter
Gelbphase / er kann mich rasend machen. Alles falsch!
Falsch, grundfalsch, total daneben! An der Sache quer
vorbei! So geht es nicht, so nicht! Ich weiß genau, was
hier und jetzt das Richtige wär, weiß es haargenau, und
kann es doch nicht sagen. Ich hab den Sinn, den alle
suchen, den einzig richtigen, hier vorne auf der Zunge,
und bring ihn nicht heraus
    DIE FRAU *zu* M
Glaubst du, der Chef hat schon wieder was Neues an
ihm ausprobiert?
    M
Wahrscheinlich hat er ihm bloß 'n doppelten H-Fünfer
reingeschmissen. Das geht hoch wie'n Sektkorken und
runter wie'n Fallschirmspringer, wenn er merkt, daß er
nur 'n leeren Rucksack auf dem Buckel hat. Puh, mich
friert.

*Sie nimmt eine Tablette, K kommt aus 33. Sie hat einen langen
alten Mantel übergehängt, auf dem ein ganzer Haushalt befestigt ist: Pfanne, Kocher, Brett, Bestecke usw. hängen an Schnü-*

*ren, Schlaufen, Kettchen herunter. Mehl, Salz, Zucker in klei-*
*nen Taschen. In Gummibälgen Wasser und Milch. Im Inneren*
*eines Huts eine Schüssel.*

DIE FRAU
Das Küchenmonster? Ist denn das heute dran?
K
Ich bin die Eremitin aus der verkehrsberuhigten Fuß-
gängerzone
M
Haushaltsschreck und Pillenpulli sind dran. Ihr kommt
und müßt die Fragen stellen

K *und* M *hocken sich Rücken an Rücken auf den Boden.*
K *beginnt zu kochen.*

DIE FRAU
Hans, komm her!
Ich frag, du lachst

*zu* K *und* M

Nun sagt einmal, ihr beiden, wie heißt doch gleich der
Tierarzt, der über euch wohnt?
K
Rappel heißt er
M
Bis jetzt
K
Zunächst einmal
M
Vorläufig
K
Bis uns genauer einfällt, wie er heißt

M
Bis uns einfällt, wie er genauer heißt
K
Bis er sich uns einmal genauer vorgestellt hat
M
Bis er sich uns genau genug vorgestellt hat
K
Nicht so nuschelig
M
Nicht so rappelig/Rappedapp
K
Rappedibumm
M
Rappedibapp
K
Rappedibumm – Rappedibapp
M
Er lacht nicht!
DIE FRAU
Wir müssen den Einfallstrichter vergrößern
M
Liebe, Sonne und weißer Strand
K
Heiße Würstchen
K *und* M
Kall-de-wey
DIE FRAU
Kalldewey: ›Wo kann man denn hier mal 'n trocknes
Brötchen in 'n lauwarmen Muckefuck stippen?‹

*Der* MANN *ist unterdessen nach vorn gegangen, redet simultan
zu den Frauen*

DER MANN

Wenn ich nur könnte, wie ich wüßte! Ich möcht sie gleich erlösen von diesem starren Traum, aus dem sie von selber nicht erwachen können.

Man muß ihn doch zerknacken können, wie einen Käferpanzer, diesen runden harten Trug!

DIE FRAU

He! Hier stell dich hin! Dräng dich nicht immer nach vorn. Du gehörst zu uns, hier mußt du lachen, hier zeigen wir dir was

M

Wenn ich mich durch mein Schlaraffenland hindurchgefressen hab und wenn du dich durch dein Schlaraffenland hindurchgefressen hast, dann –

K

Dann?

M

Dann stehn wir plötzlich wieder vis-à-vis

DIE FRAU

Was gibt's heut Leckres in der Hexenküche? Crêpes mit Echsenschwänzen?

M

'nen Teller voll Gewürm. Und drüber blutiger Schleim von dem Gewürm. Es ringelt sich, sieh mal, und wie's sich ringelt!

K *zum* MANN

Du lachst nicht, Zeitgeist, nein? Du trauriger Futuridiot, du Medientrottel. Sich richtig hinstellen, denkst du, immer wissen, wo's lang geht und baff!, schon fällst du wieder auf die Schnauze. Deinem kläglichen Neindanke müssen wir ein schallendes Ja-woll entgegensetzen.

Jawoll zum Überfluß, zum Überschwang
Jawoll zu den reichen und fetten Ritualen
Schluß mit dem tragischen Alltag!
Wir sind ohnehin verloren, doch unsere Finger haben
noch die Kraft zu vergeuden und zu feiern, zu protzen
und zu spritzen
    M *kriecht auf Knien und Händen um die eigne Achse*
Huh, klebrig, klebrig . . . alles klebrig machen diese
Finger! Hat schnell noch alles klebrig gemacht, die Alte,
kurz bevor sie abkratzt. In der Wohnung überall her-
umgefingert, alles angefaßt mit Marmeladenfingern,
angepatscht, kurz bevor sie abkratzt, die Alte Hexe, will
am Leben kleben bleiben . . .
    K *zum* MANN
Ha! Eher platzt du vor idiotischem Gelächter, als daß
die Maße alle voll gemacht, die letzten unserer glitzernden Kotsäulen errichtet sind.

DIE FRAU *zu* K
Sag Kattrin, was ist das
für ein bildhübsches Be-
steck? Ist es nicht reines
Art Deco?
    K
Reines Art Deco, na
klar. Oder?
    M
Ach was
    DIE FRAU
Ich nehm doch an, daß
das ein reines Art Deco-
Besteck ist

DER MANN *vorn am*
*Stuhl*
Flüchtig, flüchtig, alles
flüchtig. Die Große
Fuge –: Zentrifuge. Da
spielen die Menschen
mit ihren auseinander-
fliegenden Teilen noch –
Revuen, Revivals, Re-
paraturen – alles noch
einmal, nur ein bißchen
schneller, bitte sehr,
molto presto, prestissimo
und nun die Stretta,

M
Ja, das kann sein
DIE FRAU
Ihr müßt es wissen. Euch
gehört das Besteck
K *sieht das Besteck an*
Reines Art Deco
M
Ach was
DIE FRAU
Ich glaube, ihr wißt es
nicht
M
Ja, das kann sein
K
Sie weiß es nicht
M
Ein Art Deco-Besteck
weiß ich wohl noch. Bes-
ser als du
DIE FRAU
Ihr wißt es nicht und ich
bin mir nicht ganz sicher
K
Ich war mir immer voll-
kommen sicher. Sie ist so
furchtbar unsicher. Ich
nehm es ihr nicht übel,
aber es steckt an mit den
Jahren
M
Ich *bin* mir vollkommen

quasi una cataracta . . .
Fassen Sie's bitte noch
einmal zusammen! Die
Namen, die Namen, die
Namen – vom Urknall
zu den Quarks, von den
Ilias zu den Herbiziden,
vom Steinwurf zur Neu-
tronenbombe; Naturbe-
wältigung – Menschen-
bewältigung, solange bis
keiner mehr da ist und
du der Letzte, den es er-
wischt, du der Letzte,
der's noch einmal zu-
sammenfassen muß,
stehst da vorm göttli-
chen Irgendwem, dem
Herrlichen Maestro und
mußt ihm noch einmal
die Schöpfung dahersa-
gen, was alles so gewesen
ist. Oh hier steh nur ich,
Schmal-Hans, ein Flötist

sicher und du *warst* dir vollkommen sicher. Das ist der Unterschied

DIE FRAU

Wessen bist du dir sicher, Meret?

M

Wie ein Art-Deco-Besteck aussieht, weiß ich wohl noch

DIE FRAU

Ist das eins?

M

Ja, das kann sein

DIE FRAU

Ich war mir sicher auf den ersten Blick, aber inzwischen –

K

Ihre Unsicherheit in diesen Dingen ist wie gesagt ansteckend

M

Du machst mir doch seit Jahren mein Wissen streitig.

K

Du machst mir mein Wissen streitig

M

Sie weiß mir die schönsten Sachen weg. Und was die weiß, will ich nicht mehr wissen. Interessiert mich nicht

DER MANN

Pssst!

*Alle horchen in die Luft. Es erklingt das ›Zauberflöten‹-Motiv . . .*

DIE FRAU *geht zum* MANN*; er ruft, indem er nach hinten gezogen wird*

DER MANN

Da rennt der Mensch, da rennt er fort: der Hinkefuß in Siebenmeilenstiefeln! Haltet den Dieb, haltet den Dieb!

*Botho Strauß im Carl Hanser Verlag*

*Marlenes Schwester*
Zwei Erzählungen. 1975. 112 Seiten.

*Trilogie des Wiedersehens*
Theaterstück. 4. Auflage 1978. 128 Seiten.

*Die Widmung*
Erzählung. 6. Auflage 1979. 148 Seiten.

*Groß und klein*
Szenen. 4. Auflage 1980. 140 Seiten.

*Die Hypochonder*
*Bekannte Gesichter, gemischte Gefühle*
Zwei Theaterstücke. 1979. 128 Seiten.

*Rumor*
Roman. 2. Auflage 1980. 236 Seiten.

*Paare, Passanten*
1981. 208 Seiten.